INSTITVTES
COVSTVMIERES.
OV
MANVEL
DE PLVSIEVRS ET DIVERSES REIGLES

Sentences, & Prouerbes tant anciens que modernes du
Droict Coustumier & plus ordinaire de la France.

A PARIS,

Chez ABEL L'ANGELIER, au premier pillier
de la grand' Salle du Palais.

M. DC VIII.

AVEC PRIVILEGE DV ROY.

TITRES.

I. LIVRE.

II. LIVRE.

III. LIVRE.

IIII. LIVRE.

ã ÿ

V. LIV.

VI. LIV.

NE MEA DONA TIBI FRANCI PER DEVIA
    IVRIS
VESTIGATA DIV, PLVRESQVE PROBATA
    PER ANNOS,
INTELLECTA PRIVS QVAM SINT CON-
    TEMPTA RELINQVAS.

A.E.G.L. A.L.D.B. Tout ainſi que noſtre grand
maiſtre & Docteur commun du droict Romain nous enſei-
gnoit qu'il falloit ſongneuſement aduiſer aux reigles &
principes de chacune partie d'iceluy, ainſi ai-ie pris peine &
plaiſir tout enſemble en le pratiquant auec noſtre droict François par
l'eſpace de quarante ans & plus, de remarquer en nos Couſtumes &
vſage ce qui auoit apparence de reigle ou ſentence: & les aſſemblant
peu à peu, les arranger en quelque meilleur ordre: eſperant que double
profit en aduiendroit. L'vn en ce qu'elles pourroient ſeruir & à vous &
à d'autres moins experimentez d'inſtruction ou Inſtitutes couſtu-
mieres du droict de la Fràce. L'autre en ce que les plus ſçauans ſeroient
inuitez de communiquer au public, ce qu'ils en ont, ou pourront plus
heureuſement recueillir. Et qu'apres tant de ramas confus & incer-
tains, l'ò ne deſdaignera point ceſte ſimplicité d'eſcrire en laquelle nous
voyons les deux Sꞓuoles, Neraie, Caie, Papinian, Paul, Vlpian,
Pompone, Martian, Rufin & autres Iuriſconſultes s'eſtre employez, &
le Prince des Medecins acquis vn loz Immoꞏtel, ſe trouuant auſſi par
fois icy la reſolution de quelques poincts des plus douteux & còtrouer-
ſés. Et paraduenture en aduiendroit il vn troiſieſme qui ſurpaſſeroit
de beaucoup les deux autres. Qui ſeroit que tout ainſi que les Prouin-
ces, Duchez, Comtez, & Seigneuries de ce Royaume regies & gou-
uernees ſous diuerſes couſtumes, ſe ſont auec le temps rengees ſous
l'obeiſſance d'vn ſeul Roy, & quaſi de ſa ſeule & vnique monnoye;
ainſi ſe pourroyent-elles enfin reduire à la conformité, raiſon, &
equité d'vne ſeule loy, couſtume, poids & meſure ſous l'auctorité
de ſa M. Vous pouuant aſſeurer que la plus-part de ce qui eſt icy
proiecté, ſe trouuera extraict de la ſource & origine du droict ancien couſtumier, & plus ordinaire de ce Royaume, vſage & pratique d'iceluy: n'y ayant apporté que bien peu du mien, auec l'ordre
& la liaiſon; dont i'ay appris qu'il faut touſiours auoir grand ſoing.
Que ſi vous trouuez quelque obſcurité, ou trop grande antiquité en
aucunes de ces reigles; la pratique d'icelles vous les eſclaircira en

plus en plus, & monstrera qu'elles seruent grandement à la recognoissance de nostre droict François. Comme si quelques vnes d'icelles ne
semblent, ou en effect ne sont perpetuellement vrayes, souuenez-
vous qu'il faut du commencement: tenir pour reigle ce qui est plus vniuersel & general, ores qu'il y ait des exceptions & en effect, que la
premiere reigle de toutes les reigles est celle-cy.

NVLLE REIGLE SANS FAVTE.

INSTITVTES
COVSTVMIERES,
OV
DE PLVSIEVRS ET DIVERSES
REIGLES, SENTENCES, ET PROVERBES
du Droict coustumier & plus ordinaire
de la France.

LIVRE PREMIER.

Des personnes. TITRE PREMIER.

QVI veut le Roy, si veut la loy.

II.

Au Roy seul appartient de prendre tribut sur les personnes.

III.

Toutes personnes sont franches en ce Royaume, & si tost qu'vn esclaue a attaint les marches d'iceluy, se faisant baptiser, il est affranchy.

IIII.

Et sont nobles ou roturiers.

V.

Les roturiers sont bourgeois, ou vilains.

VI.

Nobles estoient iadis, non seulement les extraicts de no-

A

ble race en mariage, ou qui auoient esté annoblis par lettres du Roy, ou pourueus d'offices nobles : mais aussi ceux qui tenoient fiefs, & faisoient profession des armes.

VII.

A raison dequoy il n'estoit point permis aux roturiers de tenir fief sans congé & permission du Prince.

VIII.

Auiourd'huy toute personne peut tenir fiefs : aussi n'anoblissent-ils point: s'il n'y auoit titre de grande dignité.

IX.

Nul ne peut annoblir que le Roy.

X.

Pauureté n'est point vice, & ne desanoblit point.

XI.

Longueur de temps n'estaint noblesse ny franchise.

XII.

Les nobles sont proprement subjects du Roy.

XIII.

Les roturiers & vilains sont iusticiables des seigneurs desquils les sont couchans & leuans.

XIIII.

Sinon qu'il soit question d'heritages qu'ils tiennent ailleurs, ou qu'ils soient Bourgeois du Roy.

XV.

Droict de bourgeoise s'acquiert par demeure par an & iour, ou par adueu és lieux où il y a droict de parcours & entrecours.

XVI.

Par quelques coustumes la verge annoblit, & le ventre affranchit.

XVII.

Naturellement les enfans nez hors mariage suiuent la condition de la mere.

XVIII.

En mariage legitime ils suiuent la condition du pere.

XIX.

Et en formariage, le pire emporte le bon.

XX.

L'adueu emportoit l'homme , & eſtoit iuſticiable de corps & de chaſtel où il couchoit & leuoit: mais par l'ordonnance du Roy Charles IX. les delicts ſont punis où ils ſont commis.

XXI.

Le vilain ou roturier eſtoit ſemond du matin au ſoir , ou du ſoir au matin: Au noble, il falloit huictaine.

XXII.

Moult plus eſt tenu le franc homme à ſon ſeigneur par l'hommage & honneur qu'il luy doit , que n'eſt le vilain pour ſes rentes payant.

XXIII.

Car vilain ne ſçait que valent eſperons.

XXIIII.

Et oignez vilain il vous poindra : Poignez vilain, il vous oindra.

XXV.

Sergent à Roy eſt pair à Comte.

XXVI.

Le ſous-aagé n'a ny voix ny reſpons à Court.

XXVII.

Femmes ont voix à reſpons en Court , & ſi reçoiuent miſes & arbitrages.

XXVIII.

Comme femme franche eſt annoblie par ſon mary, meſmes pendant ſon veufuage, auſſi femme noble eſt faite roturiere par ſon mary.

XXIX.

Droict de puiſſance paternelle n'a lieu.

XXX.

Feu & leu font mancipation ce dict Braſſas : & enfans mariez, ſont tenus pour hors de pain & pot , c'eſt à dire emancipez.

XXXI.

Enfans de famille, & femmes mariees ſont tenuës pour auctoriſez de leurs peres & maris en ce qui eſt du faict des

marchandifes dont ils s'entremettent au fceu de leurs peres
& maris.

XXXII.

Enfans nais auant le mariage, mis foubs le poille font le-
gitimez.

XXXIII.

Quelques couftumes dient qu'vn baftard, depuis qu'il eft
nay eft entendu hors de pain : mais l'on iuge que qui fait
l'enfant le doit nourrir.

XXXIIII.

Baftards peuuent acquerir & difpofer de leurs biens, tant
entre vifs, que par teftament.

XXXV.

Maiftre Martin Doublé, tenoit que baftards ne pouuoient
receuoir laigs de pere, ny de mere : Ce qui fe doit entendre
de laigs excedant leur nourriture.

XXXVI.

Baftard aduoüé, retient le nom & la nobleffe de la maifon de fon pere, auec les armes d'icelles barrees.

XXXVII.

Baftards ne fuccedent point ores qu'ils foient legiti-
mez , fi ce n'eft du confentement de ceux qui y ont intereft.

XXXVIII.

Auffi perfonne ne leur fuccede, finon leurs enfans nez en
loyal mariage.

XXXIX.

En defaut d'enfans, leur fucceffion appartient au Roy,
ou aux feigneurs hauts iufticiers en la terre defquels ils font
nez, domiciliez, & decedés.

XL.

En difpence de baftard cefte condition eft toufiours en-
tenduë s'il eft né de femme franche.

XLI.

Aubains font eftrangers qui font venuz s'habituer en ce

Royaume, ou qui en estans natifs s'en font volontairement estrangers.

XLII.

Aubains ne peuuent succeder ny tester que iusques à cinq sols, & pour le remede de leurs ames.

XLIII.

Bien peuuent-ils acquerir & disposer de leurs biens entre vifs.

XLIIII.

S'ils ne laissent des enfans nés, & demeurans au Royaume, ou d'autres parens naturalisez & y demeurans, le Roy, leur succede.

XLV.

Et non autres seigneurs, s'ils n'y font fondez en tiltre, & permission expresse du Roy.

XLVI.

Aubains ne peuuent tenir offices, ny benefices, fermes du Roy, ny de l'Eglise.

XLVII.

Le tout s'ils ne font naturalisez par lettres du Roy verifiees en la chambre des Comptes.

XLVIII.

Gens d'Eglise, de communauté & morte-main peuuent acquerir au fief seigneurie, & censiue d'autruy: mais ils font contraignables d'en vuider leurs mains dans l'an & iour du commandement à eux faict apres l'exhibition de leur contract.

XLIX.

Apres l'an ils n'y peuuent estre contraincts, mais font tenuz en payer indemnité au seigneur & prendre admortissement du Roy.

L.

Nul ne peut admortir que le Roy.

LI.

L'admortissement de ce qui est tenu immediatement du Roy, s'estime coustumierement à la valeur du tiers de la chose.

A iij

LII.

Ce qui est tenu mediatement d'autruy ne s'estime pas tant, d'autant qu'outre ce, il faut payer l'indemnité au seigneur.

LIII.

Le droict d'indemnité du seigneur s'estime au tiers, cinquiesme, ou sixiesme de la valeur de la chose censuelle.

LIIII.

Car quant à ce qui est tenu en fief, il en faut bailler homme viuant & mourant, voire confisquant au seigneur haut iusticier.

LV.

Par la mort duquel estant tousiours deu plein rachapt, il est estimé indemniser le seigneur feudal des droicts de ventes qui luy eussent peu estre deuz.

LVI.

Droict d'indemnité est personnel, & n'est deu qu'vne seule fois.

LVII.

Ce qui est deuëment & du tout amorty, ne doit aucune charge feudale ny censuelle: mais est tenu bailler sa declaration.

LVIII.

Iamais chien ne mordit l'Eglise qu'il n'enragea.

LIX.

Il y a des fiefs & main-mortes de corps & de meubles, & autres d'heritages.

LX.

Le serf ne succede point au franc, ny le franc au serf.

LXI.

Auant qu'vn serf manumis par son seigneur soit franc, il faut qu'il paye finance au Roy.

LXII.

Serfs ou main-mortables ne peuuent tester: & ne succedent les vns aux autres, sinon tant qu'ils sont demeurans en commun.

LXIII.

Car le plus fouuent, vn party, tout eſt party ; & le chan-
teau part le vilain.

LXIIII.

Le feu, le ſel, & le pain partent l'homme morte-main.

LXV.

Argent rachapte morte-main.

LXVI.

Serf ou homme de main-morte ne peut eſtre Cheua-
lier.

LXVII.

Ny Preſtre ſans le congé de ſon ſeigneur.

LXVIII.

Et l'eſtant, n'eſt pource deſchargé de rien, fors des coruees de ſon corps.

LXIX.

La femme ſerue n'eſt anoblie par ſon mary.

LXX.

Le ſeigneur a doiɛt de ſuitte, & de formariage ſur ſes
ſerfs.

LXXI.

Vn ſeul enfant eſtant en celle reſqueuſt la main-morte.

DES MARIAGES. TIT. II.

I.

Ille fiancee n'eſt priſe ny laiſſee. Car tel fian-
ce qui n'eſpouſe point.

II.

Les mariages ſe font au Ciel, & ſe conſom-
ment en la terre.

III.

On dit communément, qu'en mariage il trompe qui
peut, qui procede de ce que nos Maiſtres nous apprennent
que *dolus dans cauſam contraɛtui matrimonÿ non reddit illum ipſo
iure nullum.*

IIII.

Enfans de famille ne fe peuuent marier fans le congé de leurs peres & meres , s'ils ne font majeurs les fils de trente ans , & les filles de vingt-cinq , fur peine de pouuoir eftre des-heritez.

V.

L'on difoit boire, manger, coucher enfemble , c'eft mariage ce me femble. Mais il faut que l'Eglife y paffe.

VI.

Hommes & femmes mariez font tenus pour emancipez.

VII.

Qui efpoufe le corps, efpoufe les debtes.

VIII.

Et font les mariez communs en tous biens , meubles , & conquefts immeubles , du iour de leur benediction nuptiale.

IX.

A laquelle communauté les vefues nobles de ceux qui mouroient au voyage d'outre-mer, eurent priuilege de pouuoir renoncer: Et depuis en general toutes les autres.

X.

Ce qui a depuis efté eftendu iufques aux roturieres par l'auctorité & inuention de maiftre Iean Iaques de Mefme.

XI.

Le mary ne pouuant directement , ny indirectement obliger les propres de fa femme.

XII.

Car ce qui fe difoit jadis, que le mary fe pouuoit releuer trois fois la nuict pour vendre le bien de fa femme, a finalemét efté reprouué par les Arrefts & Couftumes modernes.

XIII.

L'on ne peut plus honneftement vendre fon heritage qu'en conftituant vn grand dot à fa femme.

XIIII.

Le mary eft maiftre de la communauté , poffeffion & iouyffance des propres de fa femme, & non de la proprieté d'iceux.

XV. Encores

XV.

Encores ne peut il difpofer des biens de la communauté au proufit de fon heritier prefumptif, ny par teftament au preiudice de fa femme.

XVI.

Femmes font en la puiffance de leurs maris.

XVII.

Ne peuuent contracter, ny efter en iugement fans l'auctorité d'iceux. Mais bien difpofer par teftament.

XVIII.

Si le mary eft refufant de les auctorifer, elles feront auctorifees par iuftice, & le iugement qui interuiendra contre elles executé fur les biens de la cõmunauté, icelle diffolue.

XIX.

Femme feparee de biens, auctorifee par iuftice peut contracter & difpofer de fes biens comme fi elle n'eftoit mariee.

XX.

Donation en mariage, ny concubinage ne vaut.

XXI.

Mais mary & femme n'ayans enfans fe peuuent entredonner mutuellement, pourueu dient quelques couftumes, qu'ils foient inelels ou egaux en aage & cheuance.

XXII.

Don mutuel ne faifit point.

XXIII.

Feu Monfieu le premier Prefident le Maiftre a releué ce prouerbe. Qu'il n'y a fi bon mariage qu'vne corde ne rõpe.

XXIIII.

Le mary faict perdre le deuil à fa femme, mais non la femme au mary.

XXV.

Femme vefue renonçant à la communauté iettoit jadis fa ceinture, fa bource & fes clefs fur la foffe de fon mary: maintenant il fault renoncer en iuftice, & faire inuentaire.

XXVI.

Si elle recelle, ou deftourne, renonciation ne luy profite

B

Morte ma fille, mort mon gendre.

DES DOVAIRES. TIT. III.

I.

IADIS femme n'auoit doüaire fors le conuenancé au mariage par ces mots. Et du doüaire
te doüe qui eſt deuiſé entre mes amis & les
tiens. Depuis par l'eſtabliſſement du Roy Philippes Auguſte de l'an deux cens quatorze, rapportee par
Philippes de Beaumanior, elle a eſté douee de la moitié
de ce que l'homme auoit lors qu'il l'eſpouſa fors en la Cou-
ronne, Comtez, & Baronnies tenuës d'icelle, & en quelques d'onjons & fortereſſes.

II.

Et pareillement de la moitié de ce qui luy eſchet en ligne
directe pendant le mariage ſelon l'ancien aduis de Maiſtre
Eude de Sens, receu contre l'opinion de quelques autres
couſtumiers.

III.

Car ſi mary n'eſtoit de rien ſaiſi, & que ſon pere ou ayeul
qui tenoient la terre y furent preſens, ou côſentans, la femme aura tel doüaire ſur tous leurs biés apres leur mort que
ſi ſon mary les euſt ſurueſcu.

IIII.

Maiſtre Iean Filleul diſoit qu'aucun doüaire n'eſtoit
tenable quant il ſurpaſſoit la moitie du vaillant de celuy
qui doüe.

V.

Au coucher gaigne la femme ſon doüaire, ou pluſtoſt
deſſors de la benediction nuptiale.

VI.

Iamais mary ne paya doüaire.

VII.

Toutesfois s'il eſtoit forbanny ou confiſqué ou ſes heri-

tages faisis & vendus de son viuant, on le peut demander
ou s'y opposer.

VIII.

La doüairiere s'opposant aux criees de l'heritage sur lequel elle a doüaire faict qu'on le doit vendre à la charge
d'iceluy, sans qu'elle soit tenuë en prendre l'estimation.

IX.

Si ce n'estoit vne maison size à Paris decretee pour rentes deuës sur icelle, selon l'ordonnance du Roy Charles
septiesme.

X.

Doüaire coustumier saisist.

XI.

Doüaire prefix ou conuenance ne saisissoit point, & se
deuoit demander en iugement : Ce qui commence à se
corriger quasi par tout.

XII.

Femme qui prent doüaire conuenancé se priue du coustumier.

XIII.

Doüaire en meubles retourne aux hoirs du mary apres le
decez de la femme: sinon qu'il soit accordé sans retour.

XIIII.

Iadis femme ne prenoit point doüaire ou elle auoit assi-
gnat.

XV.

Don mutuel n'empesche point le doüaire.

XVI.

Femme ne peut renoncer à son doüaire non acquis si
elle n'en a esté recompensee ailleurs: mais bien à doüaire ja
escheu.

XVII.

Doüaire coustumier ne laisse d'estre deu, ores que la
femme n'ait remporté.

XVIII.

Doüairiere doit entretenir les lieux de toutes reparations
viageres, qu'on dict d'entretenement, contribuer au
ban, & arriere-ban, & payer les autres charges & rentes

foncieres, ordinaires: mais non les conftitues pēdant le mariage: celles d'auparauant diminuans autant le doüaire.

XIX.

L'heritier du mary doit releuer l'heritage fur lequel la
femme prend doüaire

XX.

Doüaires ont taifible hypothecque & n'antiffement.

XXI.

La vefue peut contraindre l'heritier luy bailler fon
doüaire à part, & l'heritier elle de le prendre.

XXII.

La doüairiere lottit, & l'heritier choifit.

XXIII.

Doüaire propre aux enfans eft vne legitime couftumiere
prife fur les biens de leur pere par le moyen & benefice de
leur mere.

XXIIII.

Lequel accroift aux enfans du mariage quand l'vn d'eux
decede du viuant du pere.

XXV.

Mais s'il decedoit apres la mort du pere, tous fes enfans
y fuccederoient, ores qu'ils ou aucuns d'eux fuffent d'vn
autre lict.

XXVI.

Que fi tous les enfans decedent auant le pere, leur droict
de doüaire eft efteint.

XXVII.

Pendant les vies du pere & des enfans, nul d'eux ne le
peut aliener ny hypothecquer au preiudice les vns des
autres.

XXVIII.

En doüaire n'y a droict d'ainesse.

XXIX,

Tout ce qui fe compte en legitime, fe compte en doüaire.

XXX.

On ne peut eftre heritier & doüairier.

XXXI.

Celuy des enfans qui se porte heritier du pere fait part pour diminuer d'autant le douaire des autres, parce qu'en ce cas n'y a lieu d'accroissement.

XXXII.

Douaire sur douaire n'a lieu: de sorte que quand l'homme est marié plusieurs fois, le second douaire n'est que du quart, & le troisiesme de la huictiesme partie des biens subjets à iceluy.

XXXIII.

Mais à mesure que les premiers finissent, semble raisonnable que les autres s'augmentent selon leur ordre.

XXXIIII.

S'augmentent aussi lesdits derniers douaires en ce qu'ils se prennent sur les acquests faicts pendant les premiers mariages, & depuis.

XXXV.

Le douaire qui est propre aux enfans ne se prescript en contr'eux du viuant de leur pere, & n'en commence la prescription que du iour de son deceds.

XXXVI.

Tant que la femme & les enfans viuent, le douaire est en incertitude, & s'appelle douaire esgaré.

XXXVII.

La douairiere gaigne les fruicts si tost qu'ils sont perceus, & son heritier les perd si elle decede auparauant.

XXXVIII.

Femme qui forfait en son honneur perd son douaire, s'il y en a eu plainte par le mary. Autrement l'heritier n'est receuable d'en faire querelle.

XXXIX.

Femme se remariant, ne doit point perdre son douaire.

DE VOVRIE, MAIN-BOVRNIE, BAIL
garde, tutelle & curatelle.. TIT. IIII.

I

Ail, garde, mainbour, gouuerneur, legitime administrateur & regentant, font quasi tout vn, côbié que iadis, & encores en aucuns lieux garde se dit en ligne directe, & bail en collaterale.

II.

Les enfans font en la vourie & main-bournie de leurs pere ou mere soient francs ou serfs, maieurs ou mineurs.

III.

Le mary est bail de sa femme.

IIII.

Il n'accepte garde, ny bail, qui ne veut.

V.

Les tutelles font datiues.

VI.

Toutesfois quant par le testament y a tuteur nommé, il doit estre confirmé, si les parens n'alleguent cause legitime que le defunct eust vray-semblablement ignoré.

VII.

Les baillies ou gardes font coustumieres.

VIII.

Gardes nobles & bourgeoises doiuent estre acceptees en iugement.

IX.

Le mineur n'a bail ny tutele d'autruy.

X.

Gardiens & baillistres font tenuz faire visiter les lieux dont ils iouïssent, à fin de les rendre en bon estat.

XI.

Qui bail ou garde prend, quitte le rend.

XII.

Par l'ancienne coustume de France les gardiens ou bailliftres, ny les nobles mineurs de 20. ans, & les non nobles de 14. ne pouuoient intenter, ny estre contrainicts de defendre en action petitoire de ce dont ils estoient saisis, comme heritiers. Ce qui fut corrigé par l'ordonnance du Roy Philippes de Valois, de l'an 1330. en les pouruoyant à ceste fin de curateurs.

XIII.

Bail se reigle le plus souuent selon les successions, & se donne coustumierement à ceux qui sont plus proches du costé dont le fief vient.

XIIII.

En vilainie, cotterie, ou roture n'y a bail.

XV.

En pareil degré l'aisné sera preferé aux autres.

XVI.

Les bailliftres qui entrent en foy en leurs noms, la reçoiuent aussi des vassaux de leurs mineurs, & en prennent les rachapts.

XVII.

Garde doit rachapt & finance pour les fiefs dont il faict les fruicts siens.

XVIII.

Relief de bail se paye toutesfois & quantes qu'il y a nouueaux bailliftres.

XIX.

Tuteurs & curateurs n'entrent point en foy, & ne la reçoiuent, aussi ne doiuent-ils point de rachapt, ains demandent souffrance pour leurs mineurs: qui leur doit estre accordee.

XX.

Bailliftres ny tuteurs ne reçoiuent aduecu, & ne les baillent.

XXI.

Bail ou garde ne se peut transporter à autruy.

XXII.

Bail ou garde se pert par mes-vsage, ou quant le gardien se remarie: & finit par la maiorité ou decrets du mineur.

XXIII.

La maiorité en ce cas est aux masles à xiiij. xv. xviij. &

vingt ans selon la diuersité des Coustumes : mais en ce qui
concerne l'alienation de l'immuable, elle se doit prendre
par tout à vingt-cinq ans.

XXIIII.

Si le bailistre rend la terre à son mineur auant son aage,
ses hommes ne luy feront point hommage s'ils ne veulent:
Comme aussi son seigneur, ne l'y receura point s'il ne luy
plaist.

XXV.

Tuteurs & bailliftres doiuent incontinent faire inuentaire des meubles & tiltres des mineurs.

XXVI.

Inuentaires peuuent estre faicts à la requeste de ceux qui
y pretendent interest.

XXVII.

Et par nos Coustumes se faisoient par les Notaires &
Tabellions, selon ce qui est remarqué par Iean Faure.

DE COMPTE. TIT. V.

I.

V L ne reçoit la chose d'autruy qu'il n'en doiue
rendre compte.

II.

Tuteurs & autres subjects à compte, doiuent
faire & recepte & despense entiere, les iustifier, & payer le
reliqua.

III.

En compte n'y a point de prouision.

IIII.

Qui compte seul, compte deux fois, comme celuy qui
compte sans son hoste.

V.

Comptes se rendent aux despens de l'oyant, mais le ren-
dant les auance.

Vice

VI.

Vice ou erreur de calcul & de compte se purge en tout temps, qui est ce qu'on dict, A ton bon compte reuenir.

Livre II.

DE LA QVALITE ET
condition des choses. TIT. I.

I.

Tovs biens sont meubles ou immeubles.

II.

Immeubles sont biens aleuds, amortis, feodaux, roturiers, tenus à doictures, cens & rentes foncieres ou constituees, baux d'heritages à longues annees, ou à faculté de rachapt, & autres choses qui rendent reuenu.

III.

Or & argent monnoyé & à monnoyer, & tout ce qui se peut transporter de lieu en autre, noms, raisons, & actions pour choses mobiliaires sont meubles.

IIII.

Deniers destinés pour achapt, ou procedant de vente d'heritage, ou de rachapts de rentes sont reputez immeubles, mesmement en faueur de femmes contre leurs maris, & de mineurs contre leurs tuteurs.

V.

Fruicts pendans par les racines sont immeubles.

VI.

Toutesfois en beaucoup de lieux foings à coupper apres la my-May, bleds & autres grains apres la sainct Iean, ou qu'ils sont noüez, & raisains à la my Septembre sont reputez meubles.

VII.

Poissons qui sont en estangs apres trois ans, ou la bonde

C

eſtant leuee ou mis en huches ſauuouërs ou reſeruoliers ſont meubles : autrement ſont reputez immeubles comme faiſans partie de l'eſtang.

VIII.

Ce qui tient à fer, plomb, cloud , ou cheuille eſt reputé immeuble.

IX.

Grandes cuues, & autres gros vſtanciles qui ne ſe peuuent de ſ'aſſembler n'y tranſporter ſans incommodité: moulins tournans à vent ou à eau ſur baſteaux , ou autrement: preſſouërs & artilleries ſont tenus pour immeubles.

X.

Comme auſſi ſont les principales bagues & ioyaux, reliques & liures des maiſons des Princes & hauts Barons.

XI.

Meubles ne tiennent cotte ny ligne.

XII.

Le meuble ſuit le corps, & l'immeuble le lieu où il eſt aſſis.

XIII.

Tous biens ſont reputés acqueſts s'il n'apert du contraire.

XIIII.

L'acqueſt du pere eſt le propre de l'enfant.

XV.

L'heritage eſcheu par ſucceſſion , legs , ou donation ſortit nature de propre, quant l'heritier, ou donataire deuoit, ſucceder à celuy dont il procede.

XVI.

Heritage eſchangé eſt de pareille nature qu'eſtoit le contre eſchange.

XVII.

Terre ſans hebergement n'eſt que demie reuenuë.

XVIII.

Rente fonciere eſt eſtimee au dernier 20. l'autre au dernier 12. maintenant ſeize.

XIX.

Tenir en franc alleu eſt tenir de Dieu tant ſeulement, fors quant à la iuſtice.

DE SEIGNEVRIE
& Iuſtice.

I.

NVLLE terre ſans ſeigneur.

II.

Tous biens ſont communs, & n'y a moyens que de les auoir : mais il faut qu'ils ſoient legitimes.

III.

Car tout fut à autruy & à autruy ſera.

IIII.

Les grands chemins & riuieres nauigables appartiennent au Roy.

V.

Les petites riuieres & chemins ſont aux ſeigneurs des terres, & les ruiſſeaux aux particuliers tenanciers.

VI.

La ſeigneurie des ſeigneurs s'eſtend iuſques aux bords des grandes riuieres : & des ſubjects tenanciers iuſques aux petites.

VII.

Groſſes riuieres ont pour le moins quatorze pieds de largeur, les petites ſept, & les ruiſſeaux trois & demy.

VIII.

La riuiere oſte & donne au haut iuſticier : mais motte ferme demeure au proprietaire tres-foncier.

IX.

On ne peut tenir riuiere en garenne ou deffenſe, s'il n'y a tiltre ou preſcription.

X.

Isle est au seigneur haut iusticier en la iustice duquel elle est plus pres, eu esgard au fil de l'eau.

XI.

Nul ne peut bastir coulombier à pied, asseoir moulin, ny bonde d'estang, ny fouiller en terre pour y tirer minieres, metaux, pierre ou plastre, sans le congé de son Seigneur, si ce n'est pour son vsage.

XII.

Terres qui sont aux issuës des villes, bourgs & villages, ne sont defensables si elles ne sont bouchees.

XIII.

Car Qui ferme ou bouche, empesche & defend.

XIIII.

Vignes, jardins & guarennes sont defensables en tout temps.

XV.

Bois taillis sont defensables iusques à trois ans & vn May.

XVI.

Prés sont defensables depuis la my-Mars iusques à la Toussaincts, ou que le foing soit du tout fenné & enleué.

XVII.

En nul temps on ne peut mener porcs en pré.

XVIII.

Vaines pastures ont lieu de clocher à clocher : mais les grasses n'appartiennent qu'aux communiers de la parroisse.

XIX.

On ne peut tendre ny thesurer en autruy domaine.

XX.

Le seigneur de fief faisant construire estang ou garenne y peut enclorre les terres de ses subiects en les recompensant preallablement.

XXI.

Bornes se mettent par auctorité de iustice.

XXII.

Le pied saisit le chef.

XXIII.

Le bois acquiert le plain.

XXIIII.

En moulins bannaux qui premier vient, premier en-graine.

XXV.

Mais apres auoir attendu 24. heures, Qui ne peut à l'vn s'en aille à l'autre.

XXVI.

La banlicuë eſt eſtimee à deux mille pas, chacun vallant cinq pieds : ou à ſix vingts cordes, chacune de ſix vingts pieds.

XXVII.

Droict de mouſture eſt, que les muniers doiuent rendre du rez le comble, ou de douze, treize ou quatorze combles ou pallés.

XXVIII.

Qui prent beſtes en dommage, ne les peut retenir, ains les doit mener en iuſtice dans vingt-quatre heures.

XXIX.

Les diſmes appartiennent aux Curés, s'il n'y a tiltre ou poſſeſſion au contraire.

XXX.

Couſtumierement en diſmeries d'Egliſe n'y a point de ſuitte, mais bien en patrimoniales.

XXXI.

Diſmes layes infeudées ſont pures patrimoniales.

XXXII.

Terres & choſes decimales tenus en fief ne ſont non plus affranchies de diſmes ſpirituelles, que ſont les autres domaines.

XXXIII.

La iuſtice eſt patrimoniale.

XXXIIII.

Tous ſieurs iuſticiers doiuent la iuſtice à leurs deſpens.

XXXV.

Fief, reſſort, & iuſtice n'ont rien de commun enſemble.

XXXVI.

Il y a iuſtice haute, moyenne, & baſſe.

XXXVII.

Donner poids & meſures, tuteurs & curateurs, faire inuentaire & partages ſont exploicts de moyenne iuſtice.

XXXVIII.

Pillory, eſchelle, quarquant, & peinture de champions combatans en l'Auditoire, ſont marques de haute iuſtice.

XXXIX.

L'ancien couſtumier porte que nul ne peut auoir Pillory en ville où le Roy en ait, mais ſeulement eſchelle ou carquant.

XL.

Donner aſſeurement, ou congé d'ouurir terre en voye publique ſont exploicts de haute iuſtice,

XLI.

Biens vacquans, terres hermes, & eſpaues appartiennent au haut iuſtrcier.

XLII.

Qui a fief, a droict de chaſſe.

XLIII.

Le Roy applique à ſoy la fortune & treuue d'or.

XLIIII.

Mais quant aux autres treſors mucés d'ancienneté, le tiers en doit appartenir au haut iuſticier, le tiers au ſeigneur tres-foncier, & le tiers à celuy qui les a trouuez.

XLV.

Si le proprietaire du lieu les trouue en ſon fonds, il doit partir par moitié auec le haut iuſticier.

DE SERVITVTES. TIT. III.

I.

E N villes tout mur eſt metoyen s'il n'appert du contraire. I I.

La marque du mur metoyen eſt quand il eſt chapperonné, ou y a feneſtre des deux coſtez.

III.

En mur metoyen il eſt loiſible d'auoir feneſtres ſur ſon voiſin à verre, & fer dormans à neuf pieds de hauteur du rez de chauſſee, & à ſept pieds des autres eſtages: mais auſſi eſt-il loiſible au voiſin les eſtoupper en ſe ſeruant du mur, & rembourſant ſon voiſin de la moitié d'iceluy, ſelon ſon hebergé I I I I.

En mur propre encore plus, & ſans que le voiſin le puiſſe eſtoupper, ny s'aider d'iceluy, mais peut baſtir contre, ſur ſon fonds. V.

Vn voiſin peut contraindre l'autre de ſe clorre, en ville de murailles & autres cloiſons iuſques à neuf pieds, & és villages de hayes viſues.

VI.

Si le voiſin n'y peut contribuer, il ſera quitte en baillant autant de ſa place que ſa part pourroit couſter.

VII.

Le foſſé appartient à celuy ſur lequel eſt le reiect. Car qui douve a, ſi a foſſe.

VIII.

La haye viſue, buiſſon, terme, ou borne eſtans entre pré & terre, vigne, ou bois ſont reputez eſtre du pré, & non de la terre, vigne ou bois.

IX.

Si aucun a jardin ou terre labourable, eſtable, cheminee ou aiſances contre mur metoyen, il y doit faire contremur, & s'il y a tour forge doit laiſſer demy pied d'interualle vuide.

X.

Si vne maifon eft diuifee en telle forte que l'vn ayt le bas, & l'autre le haut, chacun eft tenu d'entretenir ce qui eft à foy.

XI.

Nul ne peut auoir entree, iffuë, glaçouër, éuier, efgouft, ou gouftiere fur fon voifin s'il n'en a tiltre.

XII.

S'il eft befoin de couurir vn toict dont l'eau doit tomber fur fon voifin, il eft auffi tenu de bailler place pour le tour de l'efchelle.

XIII.

Nul ne peut faire goutiere fur ruë plus bas que de vingt-deux pieds & demy.

XIIII.

Ceux qui baftiffent aux villes peuuent tenir leurs mate-riaux deuant leurs maifons, pourueu qu'ils laiffent efpace d'vn cofté de la ruë pour y paffer les chariots.

DES TESTAMENTS ET
executions d'iceux. TIT. IIII.

I.

ENTRE teftament & codicile n'y a point de dif-ference.

II.

Vn Curé ou fon vicaire general peut receuoir teftament en prefence de deux tefmoins : mais il faut qu'il foit figné du teftateur & defdits tefmoins, ou qu'il foit faict mention qu'ils ne fçauent ou peuuent figner.

III.

Inftitution d'heritier n'a point de lieu.

IIII.

Toutesfois inftitution par paction ou recognoiffance d'heritier, & donation particuliere par contract de mariage

vaut

vaut par la loy Salique des François, & ne se peut reuoquer.

V.

Recognoissance gnerale du principal heritier n'empesche qu'on ne puisse s'ayder de son bien : ains seulement
qu'on aduantage vn autre au preiudice du marié, des biens
qu'on auoit lors.

VI.

L'on ne peut faire rappel à succession au profit de celuy
qui en est exclus, que iusques à la concurrence de ce dont
on peut disposer par testament.

VII.

En succession directe on ne peut estre heritier & dona-
ce, mais bien en collaterecte.

VIII.

Les legataires doiuent estre saisis par l'heritier : ou par
les executeurs testamentaires quand les laigs sont imobi-
liaires, & s'en peuuent aussi les executeurs payer par leurs
mains.

IX.

Legataires vniuersels sont tenus pour heritiers.

X.

Executeurs de testaments, inuentaire preallablement
faict sont saisis par an & iour des biens meubles du testa-
teur, pour la complissement de son testament, payement
des laigs mobiliaires, acquit de ses debtes & forfaicts, &
& si les meubles ne suffisent, leur sera permis par la iustice
vendre quelque immeuble.

XI.

L'an & iour de leur execution expirez doiuent rendre
compte, auquel ils peuuent employer leur salaire, qui leur
serr taxé raisonnablement.

XII.

La cognoissance des executions testamentaires appartient aux Iuges laiz.

D

DE SVCCESSIONS ET
hoiries.   TIT. V.

I.

E mort faifift le viffon plus prochain heritier habile à luy fucceder.

II.

Il n'eft heritier qui ne veut.

III.

Mais qui prend des biens de fucceffion iufques à la va-leur de cinq fols, faict acte d'heritier.

IIII.

L'heritier fimple exclut l'heritier par benefice d'inuentaire. Ce qu'on reftraint aux collateraux.

V.

Iadis reprefentation n'auoit point de lieu. Maintenant elle eft receuë quafi partout en ligne directe : & par beau-coup de couftumes en la collateralle iufques aux enfans des freres.

VI.

Où reprefentation a lieu infiniment, ce qui efchet au pe-re, efchet au fils.

VII.

Ce qu'on a dict , Tant que le tige a fouche, elle ne fe four-che, eft ce pas Tant que la ligne directe dure, la collateralle n'a point de lieu?

VIII.

En fucceffion tant directe que collateralle dedans les termes de reprefentation on fuccede par lignes, & hors les termes de reprefentation par teftes

IX.

Maiftre Alain Chartier dict que par vfage & couftume gardee de tout temps en ce Royaume toutesfois & quan-

tes que femme eſt deboutee d'aucune ſucceſſion, comme
de fief noble, les fils qui en viennent & deſcendent en ſont
auſſi forclos.

X.

Au Royaume, & Baronnies tenans d'iceluy, repreſenta-
tion a lieu en ſucceſſions tant directes que collaterales.

XI.

Les heritiers ſont tenus des faicts & obligations du deffunct perſonnellement chacun pour ſa part, & hypothecairement pour le tout.

XII.

Les François, comme gens de guerre, ont receu diuers
patrimoines, & pluſieurs heritiers d'vne ſeule perſonne.

XIII.

Et lors les debtes ſe payent au feur de ce que chacun en
amende, ſi ce n'eſt és lieux qui portent que celuy qui prend
les meubles paye les debtes, les propres demeurans francs
& quittes aux parens lignagers : qui eſtoit l'ancienne couſtume de la pluſpart du Royaume.

XIIII.

Les propres ne remontent point, mais retournent aux
plus prochains parens du coſté dont ils ſont venus au deffunct, Qui eſt ce qu'on dict, *paterna paternis, materna maternis.*

XV.

Toutesfois ce qui eſt donné aux enfans par leurs pere ou
mere leur retourne, quand il n'y a point d'enfans des dona-
taires.

XVI.

Les aſcendans ſuccedent auſſi aux meubles & acqueſts
de leurs enfans : autrement ils vont aux plus prochains parens du deffunct.

XVII.

Par la pluſpart des couſtumes les parens conioincts d'vn
ſeul coſté ſuccedent auecques ceux qui ſont conioincts de
double ligne, ſuyuant les aduis de maiſtres Iean le Coq,
Pierre le Sec, & autres anciens ſages ſur ce ouys par tour-
be.

XVIII.

L'oncle fuccede au nepueu auant le coufin germain.

XIX.

L'oncle & le nepueu font en pareil degré, & fuccedent-
egalement où il n'y a point de reprefentation. Car autrement le nepueu reprefentant fon pere exclurroit l'oncle du
defunct.

XX.

Reprefentation accordee en ligne collateralle ne profite
qu'à celuy en faueur duquel elle eft faicte : mais en ligne
directe, s'eftend iufques à tous ceux qui fe trouuent en pareil degré.

XXI.

Entre nobles le furuiuant fans enfans gaigne quafi par
tout les meubles.

XXII.

Autrement la femme ne fuccede point au mary, ny le
mary à la femme.

XXIII.

Renonciation à fucceffion faicte en faueur de quelqu'vn
ne vaut quant elle eftoit ja diferée, & qu'il y a lefion & minorité, mais laiffee à fucceffion non efcheuë en faueur des
mafles vaut, foit qu'elle foit faicte par mineur ou maieur,
pourueu que le renonçant ait eü la legitime, laquelle en
tout cas il luy faut parfournir, & procede ce droict de la loy
Salique ou Françoife.

XXIIII.

L'on a dict autrefo's, qu'où ramage defaut, lignage fuccede : maintenant la ligne defaillant d'vn cofté, les pere &
mere & autres afcendans fuccedent : puis l'autre ligne : & à
faute de tous parens, le feigneur haut iufticier.

XXV.

Par la Couftume de France, Capitulaires, & Ordonnances du Roy Charles VI. de l'an mil cinq cens quatre-
vingts-fix, les Ecclefiaftiques fuccedent à leurs parens, &
leurs parens à eux, & peuuent difpofer de leurs biens tout

ainsi que les lays, jaçoit qu'ils leur soient aduenus ou ac-
creus du reuenu de leurs benefices.

XXVI.

Religieux ne succedent point, ny le Monastere pour
eux : & si ne peuuent de rien disposer.

XXVII.

L'habit ne fait point le moine, mais la profession.

XXVIII.

Bannis à perpetuité, ny condemnez aux galeres ne succedent.

DES PARTAGES ET
rapports. TIT. VI.

I.

Vi demande partage faict les lots : Et coustumierement l'aisné lottit, & le puisné choisit.

II.

Enfans aduantagés de pere & mere doiuent rapporter
ce qui leur a esté donné en mariage ou autrement, moitié
en vne succession, moitié en l'autre, ensemble les fruicts
perceuz depuis la succession escheuë, au moins prendre
à la raison de la prisee qui en fut faicte, ou les reparations
vtiles & neeessaires tousiours desduites, ou descomptees,
ou de ce qu'ils en auroient eu sans fraude.

III.

Nourriture, & entretenement aux armes, escholes, ap-
prentissage de mestier ou faict de marchandise, despense, ny don de nopces en meubles ne sont subiects à rapport.

IIII.

Le fils renonçant à la succession du pere & venant à celle
de son ayeul, y doit rapporter tout ce qui auoit esté donné
ou presté à son pere.

V.

La fille doit aussi rapporter tout ce qui fut presté par son pere à son mary, ores qu'elle renonce à sa communauté.

VI.

Rapport n'a lieu en ligne collaterale s'il n'est dict.

Livre III.

DE CONVENTIONS, CONTRACTS
& obligations. TIT. I.

I.

Onuenances vainquent loy.

II.

On lie les bœufs par les cornes, & les hommes par les paroles.

III.

Il n'y a au marché que ce qu'on y met.

IIII.

C'est pourquoy vn ancien coustumier dict que Quand mise ou arbitrage est mis sur deux qui ne se peuuent accorder, ils ne peuuent prendre vn tiers s'il ne fut mis en la mise. Ce qui est pris du droict ciuil.

V.

Toute debte peut l'en quitter.

VI.

Toutesfois de larrecin ou d'iniures dont il y a claim & plait l'on n'en peut accorder sans iustice.

VII.

Celuy qui auant quitte, se mes-faict.

VIII.

Qui prend obligation, on donne terme en debte priuilegee, la faict commune.

IX.

Generale renonciation ne vaut.

X.

Quant argent faut, finaison nulle.

XI.

I'ay toufiours efté d'aduis, & fuis encores, Que qui promet fournir & faire valoir, f'oblige en fon nom, & fans difcuffion: quoy qu'il ait efté iugé au contraire.

XII.

Quant deux f'obligent enfemblement l'vn pour l'autre, & vn chacun d'eux feul pour le tout, ils renoncent en effeét au benefice de diuifion & difcuffion.

XIII.

Le & cætera des Notaires, ne fert qu'à ce qui eft de l'ordinaire des contraéts.

XIIII.

L'Entente eft au difeur.

DE MANDEMENS, PROCVREVRS
& entremetteurs. TIT. II.

I.

Ssez faiét qui faiét faire.

II.

Qui oûtre-paffe fa charge, chet en defadueu.

III.

Meffire Philippes de Fontaine remarque, Que noftre vfage ne fouffroit pas que Procureur quiere heritage à autruy, mais qu'il retient ce qu'on luy a baillé à garder.

IIII.

Iadis auffi nul de pays couftumier n'eftoit reccu à faire demande par Procureur en la Cour du Roy fans fes lettres de grace, fi ce n'eftoit pour Prelat, communauté d'Eglifes, ou de villes.

V.

Ou bien à fe deffendre. Ce qui n'auoit lieu en pays de droiét efcrit, ny en Cour de Chreftienté: & ce tant en matiere ciuile que criminelle.

VI.

Qui s'entremet doit acheuer.

DE COMMVNAVTE', COMPAIGNIE
ou societé, & principalement entre le mary & la femme. TIT. III.

I.

COMMVNAVTE' n'a lieu si elle n'est conuenuë par exprez, ou si la loy ou coustume ne l'ordonnent, quelque demeure qu'on faict ensemble.

II.

Qui a compagnon a maistre, & principalement quant c'est le Roy.

III.

De bien commun on ne faict pas mouceau.

IIII.

Si l'vn des deux ayant chose commune s'en sert, il n'est tenu d'en faire profit à l'autre, s'il n'auoit esté sommé & refusant de faire partage.

V.

Mary & femme sont communs en tous biens, meubles, & conquests immeubles, au lieu que jadis elle n'y prenoit qu'vn tiers.

VI.

Laquelle communauté est continuee entre le suruiuant ne faisant inuentaire & ses enfans mineurs.

VII.

Et quant le suruiuant se remarie, la communauté est continuee par tiers entre luy, sa seconde femme n'ayant enfans, & sesdits enfans, & par quart si la seconde femme auoit enfans & qu'elle n'eust non plus faict inuentaire ny partage auecques eux. Et ainsi des autres mariages.

VIII.

VIII.

Si aucun des enfans continuant la communauté, decede pendant icelle; les furuiuans y prendront telle part que s'ils eftoient tous viuans.

IX.

Le tout fi bon femble aufdits enfans mineurs: autrement ls peuuent reprendre leurs droicts.

X.

Si le furuiuant mariant l'vn de fes enfans luy donne mariage, la communauté eft diffoluë pour fon regard.

XI.

Mary ou femme ayant melioré leur prope, ou reüny quelque chofe à leur fief & domaine, font tenus d'en rendre le my-dernier.

XII.

Quant l'on rachete quelque rente, dont l'heritage de l'vn ou de l'autre eftoit chargé, elle eft confufe tant que le mariage dure: mais iceluy diffolu la moitié de la rente fe reprent fur le mefme heritage.

XIII.

Toutes donations, laigs, & fucceffions efcheuës pendant le mariage, entrent en communauté: finon que ce fut heritage donné ou laiffé par celuy auquel on deuoit fucceder.

XIIII.

Si quelques denlers ont efté baillez au mary à la charge de les employer en heritages propres, & ne l'a faict; la femme ou fes heritiers renonceans à la communauté les reprendront fur ladicte communauté: finon fur les propres du mary decedé & fans confufion, comme tenoit maiftre Mathieu Chartier, l'oracle du Palais. Ce qui n'a lieu quant la femme prent communauté: d'autant qu'en ce faifant elle prendroit deux fois.

XV.

Le droict de pouuoir renoncer à la communauté paffe à l'heritier.

E

XVI.

Femme renoçant à la communauté pert le don mutuel qu'elle pourroit auoir, reprent ſes propres, & acqueſts qu'elle auoit auant ſon mariage, auec ſes bons habits. Ce faiſant eſt deſchargee de toutes debtes, eſquelles elle ne s'eſt obligee en ſon nom.

XVII.

Femme veſue prend part à la reparation ciuile adiugee pour la mort de ſon mary, ores qu'elle renonce à la communauté comme auſſi faict l'enfant ores qu'il ne fuſt ſon heritier, & ſans charge de debtes.

XVIII.

L'on ne ſe peut aſſembler pour faire coprs de communauté, ſans congé & lettres du Roy.

XIX.

Si le mur du voiſin penche demy-pied ſur l'autre, il peut eſtre contrainct de le refaire.

DE VENTE. TIT. IIII.

I

Vi vend dict le mot.

II

Il y a plus de fols achepteurs que de fols vendeurs.

III.

Iamais bon marché ne fut net.

IIII.

Il n'eſt pas marchand qui touſiours gaigne.

V.

Tant vaut la choſe qu'elle ſe peut vendre.

VI.

L'on n'a pas pluſtoſt vendu la choſe qu'on n'y a plus rien.

VII.

Deliurance de meuble vendu preſuppoſe payement.

VIII.

Quand le vendeur recognoist la vente, mais dict que ce fut par force, garantir luy conuient, & puis apres plaider de la force f'il luy plaist.

IX.

En chofe venduë par decret, euiction n'a point de lieu.

X.

En vente faicte par decret, ne chet refcifion pour deception d'outre moitié de iufte prix.

XI.

Ny en vente de fucceffion ou droicts vniuerfels ny en baux à ferme, ny en meubles par couftume generale de la France.

XII.

De tous marchez on en vuide par intereft.

XIII.

Vin de marché n'entre point en compte du prix, pour en prendre droicts de ventes: finon qu'il fuft fort exceffif.

XIIII.

Il ne prend courretier qui ne veut.

XV.

Courretiers font tenus rendre la marchandife ou le prix, par prife & detention de leurs perfonnes.

XVI.

Vn vendeur de cheuaux n'eft tenu de leurs vices, fors de morve, pouffe, corbes & courbatures : finon qu'ils les ait vendus fains & nets : auquel cas il eft tenu de tous vices latens & apparens iufques apres huict iours de la deliurance faicte.

XVII.

Languayeurs font tenus reprendre les porcs qui fe trouuent mezeaux en la langue. Et f'il ny auoit rien en la langue, & neantmoins fe trouuent mezeaux dans le corps, le vendeur eft tenu en rendre le prix, finon que tout vn trouppeau fuft vendu en gros.

XVIII.

En meubles, la mefure f'en doit faire felon le lieu ou la vente fe faict: en immeubles, felon le lieu de leur fituation.

XIX.

En vente faicte à faculté de rachapt les droicts font deuz au feigneur ou fermier du iour de la vente, & non de la faculté expirée.

DE RETRAICTS. TIT. V.

I.

I L y a trois fortes de retraicts : conuentionnel, lignager, & feigneurial : & en quelques lieux vn quatriefme, a droict de bien-feance, & communauté.

II.

Le feigneurial eft cenfuel ou feudal, & s'appelle couftumierement droict de retenuë.

III.

Le feudal a lieu par tout le Royaume, le cenfuel en quelques couftumes feulement.

IIII.

Retraict lignager eft preferé au feigneurial, & le conuentionel à tous autres.

V.

Mais le retraict lignager ne dure qu'vn an apres l'enfaifinement fans qu'on foit tenu rien faire fignifier : le feigneurial trente ans, fi on ne faict fçauoir le contraict.

VI.

Retraict feigneurial & conuentionnel eft ceffible : le lignager non, fi ce n'eft à vn lignager.

VII.

Le Roy n'a droict de retraict feigneurial : auffi n'en peut on vfer contre luy : mais bien a retenuë par droict de bien-feance.

VIII.

L'Eglife a droict de retenuë : mais il faut qu'elle le cede

ou en vuide ſes mains dans l'an & iour.

IX.

Diſme infeudée acquiſe par l'Egliſe n'eſt ſubiecte à retraict.

X.

Cil ne requiert pas ſuffiſamment les choſes à retraict qui à Cour aduenant ne les requiert.

XI.

Il eſt au choix du retrayant faire adiourner l'acquereur pardeuant le Iuge de la perſonne, ou de la ſituation de la choſe venduë.

XII.

Congé de Cour contre le retrayant auant conteſtation emporte gain de cauſe.

XIII.

Defaut de fournir par le retrayant à ce qu'il eſt tenu par les couſtumes le faict dechoir du retraict.

XIIII.

Qui ne ſeroit habile à ſucceder, ne peut à retraict aſpirer.

XV.

Baſtards ne ſont receuz à retraict.

XVI.

Le fils peut retraire l'heritage vendu par ſon pere.

XVII.

Voire quand il n'auroit eſté ny né, ny conceu lors de la vente.

XVIII.

Retraict accordé volontairement ſans iugement eſt reputé vendition.

XIX.

Retraict n'a lieu en vſufruict, ny en meubles s'ils ne ſont fort precieux & des grandes maiſons.

XX.

En eſchange d'immeubles, donation, fieffe & bail à rente non rachaptable & ſans bourſe deſlier, retraict n'a lieu.

XXI.

Mais en emphyteose & rentes foncieres venduës y a retraict, & non en rente racheptable.

XXII.

L'eschange est reputé frauduleux quand l'vn des contractans se retrouue iouyssant dans an & iour de la chose qu'il auoit baillee en contreschange.

XXIII.

En rentes foncieres venduës seroit-il pas raisonnable preferer les debteurs d'icelles, suiuant quelques coustumes?

XXIIII.

Biens confisqués ne sont subiects à retraict.

XXV.

Tant que celuy qui n'est en ligne a des enfans qui sont en ligne, retraict n'a lieu.

XXVI.

Voire la seule esperance d'auoir des enfans, & le lien de mariage conseruent le droict de la ligne.

XXVII.

Mais tous les enfans estans decedés, & l'esperance faillie il y a lieu de retraict dans l'an & iour du dernier decedé.

XXVIII.

Heritages vendus par decret sont neantmoins subiects à retraict.

XXIX.

Retraict lignager ne se recognoist à quartier.

XXX.

Et pour ce quand plusieurs heritages sont venduz par vn mesme contract, & par vn mesme prix, desquels les vns sont subiects à retraict, les autres non, il est au choix de l'acquereur de delaisser le tout, ou ceux de la ligne seulement.

XXXI.

Mais le seigneur n'est contraignable prendre ce qui n'est de son fief.

XXXII.

Le retrayant n'est tenu payer que le prix, frais, & loyaux

couſts de la premiere vente, ores que la choſe ait marché en beaucoup d'autres mains pendant l'an & iour du retraict.

XXXIII.

Loyaux couſts ſont entendus frais de lettres, labourages, ſemences, façons & reparations neceſſaires.

XXXIIII.

Pendant le temps du retraict l'acquereur ne peut alterer les choſes au preiudice du proëſme.

XXXV.

L'an du retraict ne court que du iour de la ſaiſine en roture:ou en fief, du iour de la reception en foy.

XXXVI.

Le ſeigneurial plus couſtumierement court quarante iours apres le contract chxibé.

XXXVII.

La faculté de rachapt n'empeſche point le cours du temps du retraict.

XXXVIII.

Le ſeigneur feudal ou cenſuel qui a receu les droicts ſei-gneuriaux, cheuy & compoſé, ou baillé ſouffrance d'iceux, ne peut vſer de retraict.

XXXIX.

Mais il n'en eſt exclus pour auoir receu les cens, rentes ou autres redeuances annuelles.

X L.

Par couſtume generale du Royaume, le temps des re-traicts lignagers & feudal court contre les mineurs, abſens, croiſez, furieux, bannis, & tous autres ſans eſperance de re-ſtitution, contre ce qu'on tient en droict eſcrit.

XLI.

Tout heritage retenu par puiſſance de ſeigneurie eſt re-puté reüny à iceluy, s'il n'y a declaration au contraire.

XLII.

Les fruicts ſont deus au retrayant du iour de l'adiourne-ment & offres bien & deuëment faictes, ores qu'il n'y ait conſignation.

XLIII.

En matiere de retraict, & quaſi touſiours le iour s'entend depuis le Soleil leué iuſques au couché.

DE LOVAGE. TIT. VI.

I.

E N D V E ou achapt paſſe loüage.

II.

Celuy qui ſert & ne parſert, ſon loyer pert.

III.

Il n'y a point de raiſon en ce qui ſe dict, que Mort et mariage rompent tout loüage, ſi on ne l'entend de ceux qui meurent ou ſe marient pendant le temps du loüage de leurs perſonnes.

IIII.

Le locataire doit eſtre tenu clos & couuert.

V.

Le proprietaire peut contraindre ſon hoſte de garnir ſa maiſon de meubles exploictables pour ſeureté de ſon loüage: Et à faute de ce, l'en peut faire ſortir.

VI.

Il eſt permis au proprietaire faire ſaiſir les biens de ſon hoſte, encores qu'il ne ſoit ny obligé ny condãné pour les termes qui luy ſont deus.

VII.

Les grains & biens meubles d'vn fermier & locataire ſont taiſiblement obligez pour les moiſons & loyers du proprietaire.

VIII.

Les proprietaires ſont preferez à tous autres creanciers pour les moiſons & loyers de l'annee courant.

IX.

Le locataire peut vſer de retention de ſes loüages pour repara-

reparations neceſſaires par luy faictes du conſentement
du proprietaire, ou apres ſommation precedente.

X.

Qui iouït & exploicte vn heritage apres le terme finy
ſans aucune denonciation, peut & doit iouyr vn an apres
à pareil prix que deuant.

VI.

Le temps du loüage finy le locataire a huict iours pour
vuider: apres leſquels il y eſt contrainct par execution &
miſe de ſes meubles ſur les carreaux.

DE GAGES ET HIPOTHEQVES.
TIT. VII.

I.

I L y a deux ſortes de gage; vif & mort.'

II.

Vif gage eſt qui s'acquitte de ſes iſſuës, Mort-
gage qui de rien ne s'acquitte.

III.

Mort-gage n'a couſtumierement lieu qu'en deux cas: en
mariages de maiſnés, ou de filles, ou pour don & aumoſne
d'Egliſes.

IIII.

Pleige, plaide: gage, rend.

V.

Meubles n'ont point de ſuitte par hypothecque quand
ils ſont hors de la poſſeſſion du debteur.

VI.

Toutesfois ſi le meuble ſaiſy n'eſtoit payé par le debteur,
& qu'il fut ſaiſy par celuy qui le luy auoit vendu, il y auroit lieu de ſuitte.

VII.

Et pareillement au profit du creancier, ſi le ſaiſy le ven-
doit depuis ſon execution.

F

VIII.

Item celuy qui tient le gage, à hypotheque priuilegiee fur iceluy auant tous autres. Et fi ne peut le debteur demander refpit contre iceluy, par l'ordonnance du Roy Philippes Augufte.

IX.

Bourfe, ou argent n'a point de fuitte.

X.

Les premiers vont deuant.

XI.

Scedule priuce recogneuë en iugement ou pardeuant notaires emporte hypotheque du iour de la recognoiffance ou de la negation d'icelle en iuftice, apres qu'elle a efté verifiee.

VII.

Et neantmoins en feparations de biens, les creanciers chirographaires du defunct font preferez à tous les creanciers de fon heritier.

VIII.

Par l'Edict de Moulins hypotheque a lieu fur les biens du condamné du iour de la fentence confirmee par arreft.

XIIII.

Contracts paffez fous feel de Cour laye engendrent hypotheque.

XV.

Contracts paffez en Cour d'Eglife n'emportent point d'hypotheque.

XVI.

Les mineurs & les femmes ont hypotheque taifible & priuilegee fur les biens de leurs tuteurs & maris du jour de la tutele, & contract de mariage.

XVII.

Es cas efquels y a hypotheque taifible, les realifations, nantiffements, & faifines introduictes par aucunes couftumes ne font point requifes.

XVIII.

Hypotheque ne se diuise point.

XIX.

Quand l'action personnelle concurre auec l'hypothecaire, celuy des heritiers qui ne seroit tenu que pour sa part personnellement, est tenu hypothecairement pour le tout.

XX.

En speciale hypotheque n'y a point de discussion.

XXI.

En faict d'hypotheques, cens, ou rentes, il faut payer ou quitter.

LIVRE IIII.

DES RENTES. TIT. I.

I.

N met sa terre en gagnaige par baux à rente, cens, ou fief.

II.

Les rentes sont reelles & immobiliaires, les arrerages personnels & mobiliaires.

III.

En succession ou partage de rentes, on regarde le domicile de celuy auquel elles appartiennent.

IIII.

Le prix de la rente constituee estoit au denier douze par l'ordonnance du Roy Charles septiesme de l'an 1441. reductibles racheptables à ce prix, & s'il n'apparoissoit du contraire.

V.

Maintenant par l'ordonnance du Roy Henry quatriesme, la constitution d'icelles est reduite au denier seize.

VI.

Toute rente constituee en grain ou autre espece est reductible à argent selon le prix qu'elle a esté venduë par l'ordonnance de l'an mil cinq cens soixante-cinq.

VII.

Si elle eſtoit conſtituee au denier dix, elle eſtoit redui-
ſible à douze, ſi au deſſoubs du denier dix, vſuraire.

VIII.

Rentes ſur heritages deuës aux Eccleſiaſtiques ne ſont
racheptables ſi elles ne ſont conſtituees ſur maiſons de villes, & ſignamment de Paris, ſuiuant les ordonnances des
Rois François premier, & de Henry deuxieſme.

IX.

Vente d'heritages à faculté de rachapt à vil prix, duque
l'acquereur reçoit profit ou rente, à la raiſon de l'ordonnã-
ce par bail à ferme par luy faiƈt à ſon vendeur, eſt reduiƈte à
rente racheptable. Et ſi tel contraƈt eſtoit faiƈt par gens qui
fuſſent couſtumiers d'vſurer, il ſeroit reputé vſuraire.

X.

De rentes conſtituées on ne peut demander que cinq
annees d'arrerages, par l'Ediƈt du Roy Louys douzieſme.

XI.

Rentes infeudees non racheptables ſont reputees feu-
dales: toutes les autres ſont roturieres, ores qu'elle y ſoient
venduës & conſtituees ſur fief.

XII.

Tous detenteurs, proprietaires & poſſeſſeurs d'heritages
charges de rentes ſont tenus perſonnellement & hypothecairement payer les arrerages de leur temps, & les prece-
dens hypothecairement. Ce qu'ayant eſté premierement
introduit pour rentes foncieres, & realiſees ou nanties, a
eſté depuis eſtendu aux rentes conſtituees & racheptables.
Et par aduanture mal à propos.

XIII.

L'effeƈt de l'obligation perſonnelle eſt que le detenteur
en peut eſtre executé en tous ſes biens: & de l'hypothecaire, que l'heritage obligé peut eſtre ſaiſy & adiugé ſans qu'il
ſoit beſoing diſcuter ceux du principal obligé.

XIIII.

Neantmoins les detenteurs s'en peuuent deſcharger en
deguerpiſſant, voire meſmes les preneurs à rente, & leurs

hoirs : finon qu'il y euft promeffe de fournir & faire valoir.

XV.

Tout deguerpiffement fe doit faire en iuftice.

XVI.

Qui deguerpit, doit payer les arrerages paffez, l'annee courante, & vn terme de plus.

XVII.

Les feigneurs cenfiers & rentiers peuuent proceder par faifie fur les heritages fubiects à cens & rentes, laquelle tient pour les trois dernieres annees pretenduës & affermees par le feigneur nonobftant oppofition, tant fuiuant l'ordonnance de Charles neufiefme, de l'an mil cinq cens foixante trois, que plufieurs couftumes anciennes & modernes.

XVIII.

Toutes rentes font requerables s'il n'eft autrement conuenu.

XIX.

L'adjournement faict contre l'vn des detenteurs pourfuiuy pour le tout, fert d'interruption contre les autres.

XX.

Celuy qui doit rente fonciere ou autre droict feigneurial pour raifon d'aucun heritage, en doit faire veuë oculaire à fon feigneur vne fois en fa vie : ou luy affigner fa rente fur heritage valable, & luy fournir de declaration.

XXI.

Le feigneur n'eft tenu faire veuë à fon rentier foncier ou cenfier.

XXII.

Rentes font indiuifibles.

DE CENS ET CHAMPARTS.
TIT. II.

I.
E cens est diuisible.
II.
Le cens n'est requerable, ains rendable &
portable.
III.
Droicts de cens, & du premier fonds de terre deuz au seigneur direct, ne se perdent, ny par le temps, ny par decret.
IIII.
Lots & ventes appartiennent à celuy qui a la seigneurie
la plus proche du fonds.
V.
En ventes d'heritages tenus à cens, soient pures & simples ou faculté de rachapt, par decret, ou autrement, & en
baux à rente racheptable, sont deuz lots & ventes deslors
du contract. ### VI.
Mais non du contract de rachapt suiuant la faculté accordee.
VII.
Pour rentes foncieres non racheptables volontairement
venduës ou delaissees par rachapt, sont deus lots & ventes,
comme faisans, partie de l'heritage subiect à icelles.
VIII.
Pour adiudication par decret faict pour nettoyer les
hypotheques suiuant la conuention portee par le contract
de vente ne sont deus lots & ventes : sinon entant que le
prix d'icelle excederoit celuy qui auoit esté conuenu.
IX.
En supplément de iuste prix, acquisition de plus-valuë,
transaction portant delaissement d'heritages moyennant
deniers baillez sont deuës ventes à raison de ce qui est payé,
& non plus.

X.

.Pour achapt de succession vniuerselle ne font deubs lots ne ventes.

XI.

Delicitation faicte entre coheritiers ou comperfonniers ne font deubs ne lots ne ventes.

XII.

Pour vente de fruicts faicte à plus de dix ans, font deubs lots & ventes, & non pour vente à vie.

XIII.

Qui tient terres subjectes à champart n'en peut leuer la desblee fans appeller le feigneur fur peine de l'amende.

XIIII.

Terres tenuës à champart, terrage, vinage, gros cens, ou rente originaire & dire cte tenant lieu de chef cens, doiuent lots & ventes au feigneur defdits champart, terrage, &c.

XV.

Terres tenuës en fief ne doiuent champart.

XVI.

Quand droict de relief eft deu pour roture ou cotterie, il eft couftumierement du double du cens ou de la rente.

XVII.

Vn feigneur foit cenfuel ou feudal, n'eft tenu enfaifiner ny receuoir en foy le nouuel acquereur, s'il ne le fatisfaict auffi des anciens droicts & arrerages à luy deubs.

XVIII.

Le feigneur cenfier peut tenir en fa main les terres vacantes, & en faire les fruicts fiens, iufques à ce qu'il en foit recogneu.

XIX.

Mais pendant le temps de fa iouyffance, ne luy font deus cens ne rentes.

XX.

Qui ne paye fon cens, doit perdre fon champ, Qui cefte que dient nos capitulaires, *Qui negligit cenfum, perdat agrum.*

DE FIEFS. TIT. III.

I.

Ous fiefs sont patrimoniaux, se peuuent vendre & engager sans le consentement du seigneur, & en sont les heritiers saisis.

II.

Les offices & benefices sont resignables, & à vies.

III.

Les charges & commissions reuocables à volonté.

IIII.

Tout nouueau vassal doit la foy à son seigneur, & luy en
faire quelque recognoissance.

V.

Le doit aller trouuer en son chef-lieu : là demander s'il y
est ou autre pour luy ayant pouuoir de le receuoir en foy :
puis mettant le genoüil en terre, nuë teste, & sans espee, ny
esperons, luy dire, qu'il luy porte la foy & hommage qu'il
est tenu luy faire à cause du fief mouuant de luy , & à luy
appartenant à tel tiltre : & le requerir qu'il luy plaise l'y
receuoir.

VI.

Le vassal faisant la foy, doit mettre ses mains iointes entre
celles de son seigneur, disant, Sire, ou Monsieur ie deuien
vostre homme, vous prometz foy & loyauté de ce iour en
auant, viens en saisine vers vous, & comme à seigneur, vous
offre ce. Et le seigneur luy doit respondre, ie vous reçoy &
prens à homme, & en nom de foy vous baise en la bouche,
sauf mon droict & l'autruy.

VII.

Le seigneur n'est tenu receuoir l'hommage de son vassal,
par Procureur, s'il n'a excuse legitime : ny en autre lieu
qu'en son fief.

VIII. Le

VIII.

Le vaffal ne trouuant fon feigneur en fon hoftel, doit
heurter par trois fois à fa porte, l'appeller auffi par trois
fois. Et apres auoir baifé la cliquette, ou verouïl d'icelle.
faire pareille declaration que deffus, & en prendre afte
authentique, fignifié aux officiers de la iuftice, ou au prochain voifin, & en laiffer coppie

IX.

Les enfans ne doiuent couftumierement que bouche &
mains, auec le droift de Chambellage, qui eft deu par tous.

X.

En quelques contrees la femme ne doit que la main:
mais la courtoifie Françoife doit auffi la bouche.

XI.

Droift de chambellage eft vne piece d'or au chambel-
lan du feigneur à la difcretion du vaffal.

XII.

Les collateraux doiuent relief ou rachapt.

XIII.

Relief eft le reuenu d'vne annee, choifie en trois immediatement precedentes : l'Edift des Pairs : ou vne fomme
de deniers pour vne fois, au choix du feigneur.

XIIII.

Le vaffal eft tenu communiquer à fon feigneur choifif-
fant le relief fes papiers de recepte & terrieres, & en bailler
coppie aux defpens du feigneur.

XV.

Au reuenu de l'annee fe doit rabattre le labourage.

XVI.

Si plufieurs rachapts efcheent en vne annee par contracts de vaffaux, ils auront lieu fi par leurs decés, n'en fera
deu qu'vn.

XVII.

Si durant l'annee du rachapt s'en rencontre vn autre
d'vne terre hommagee, qui tombe auffi en rachapt, le feigneur en iouïra tant que l'annee de fon rachapt durera : &
s'appellera rachapt rencontré.

G

VIII.

En efchange & donation eft deu rachapt.

XIX.

En vente de fief font deus quints pour & au lieu de laffentement du feigneur : & en quelques lieux encores requints : & en d'autres feulement treifiefme felon les conuentions ou couftumes des lieux.

XX.

Es lieux où eft deu relief en toute mutation, comme au Vvexin, ne font deus droicts de quint, ou requint.

XXI.

Les quints & requints font en montant: comme de cent liures, xx. liures: & de xx. liures, iiij.

XXII.

En fiefs abonnés védus ne font deus quints ny requints.

XXIII.

Si le feigneur n'eft feruy de fon fief, ny fatisfait de fes droicts, il le peut mettre en fa main par faifie, & en faire les fruicts fiens.

XXIIII.

Mais Tant que le Seigneur dort, le Vaffal veille, & tant que le Vaffal dort, le Seigneur veille.

XXV.

Le feigneur de fief ne plaide iamais deffaify.

XXVI.

Eft la faifie du feigneur preferee à tous autre s.

XXII.

Mais fi les creanciers le fatisfont de fes droicts, il fera tenu leur en faire main-leuee.

XXIII.

Et pareillement donner fouffrance aux tuteurs des mineurs.

XXIX.

Il y a entre les prouerbes ruraux, que Souffrance à la fois vaut des-heritance, qui femble eftre ce qu'on dit couftumierement, Souffrance vaut foy, tant qu'elle dure.

XXX.

Mineurs ny leurs tuteurs n'entrent point en foy.

XXXI.

Mais bien les bailliſtres, qui font les fruicts leurs, & les maris pour leurs femmes, & payent relief.

XXXII.

Auſſi apres les bails finis, les maieurs & les femmes veſ-ues y entrent comme de fief ſeruy, & ſans payer autre re-lief.

XXXIII.

Qui demande ſouffrance doit declarer les noms & aages de ceux pour qui il la demande.

XXXIIII.

Souffrance ſe doit auſſi bailler à ceux qui par eſſoine le-gitime ne peuuent faire la foy en perſonne.

XXXV.

La ſouffrance finie l'on peut ſaiſir à faute de foy.

XXXVI.

Vn nouueau ſeigneur peut ſommer & contraindre ſes vaſſaux de venir à la foy : qui eſt ce qu'on dit, A tous ſei-gneurs tous honneurs.

XXXVII.

Mais l'ancien vaſſal ne doit que bouche & mains.

XXXVIII.

Quant vne ſaiſie eſt faicte pour pluſieurs cauſes, il ſuffit qu'elle ſe puiſſe ſouſtenir pour l'vne d'icelles.

XXXIX.

Vn ſeigneur peut receuoir à foy & relief tous ceux qui ſe preſentent à luy, ſauf tous droicts.

Et n'eſt tenu de rendre ce qui luy eſt pour ce volontaire-ment offert & preſenté.

XL.

Si le vaſſal compoſe des droicts de ſon fief ſaiſi, & ne ſa-tisfaict dans le temps qui luy auoit eſté donné, la ſaiſie ſe continuë. Qui eſt ce que dient quelques couſtumes, Quant argent faut, finaiſon nulle.

XLI.

Le feigneur & le vaffal font tenus reciproquement fe communiquer de bonne foy leurs adueuz , denombrements & autres lettres, ou s'en purger par ferment.

XLII.

Les droicts deuz par le vaffal à fon Seigneur fe payent felon la couftume du fief feruant : mais les foy & hommage fe doiuent faire en la forme du fief dominant.

XLIII.

Le feigneur de fief peut auffi faifir à faute de def nombrement non baillé.

XLIIII.

Mais l'Adueu bien ou mal baillé fauue la leuée, & ne fait pas le feigneur les fruicts fiens.

XLV.

Doit le feigneur leuer fa main de ce dont il n'eft en difcord, la faifie tenant pour le furplus.

XLVI.

Denombrement baillé fert de confeffion contre celuy qui le baille : mais ne preiudicie à autruy : ny au feigneur qui le reçoit, finon que le vaffal eftant retourné vers luy apres quarante iours pour le reblandir , il ne le blafme.

XLVII.

Vn feigneur ne peut contraindre fon vaffal de bailler adueu plus d'vne fois en fa vie.

XLVIII.

Ce qui eft recelé frauduleufement eft acquis au feigneur.

XLIX.

Vn feigneur ne peut faifir le fief de fon vaffal, auant qu'il foit luy-mefmes entré en foy.

L.

Ne peut auffi gaigner les fruicts du fief ouuert par le deceds de fon vaffal, qu'apres les quarante iours.

LI.

Le feigneur qui a receu fon vaffal en foy fans aucune referuation, ne peut faifir le fief pour les droicts par luy pretendus¹, ains y doit venir par action.

LII.

L'on doit auffi venir par action pour loyaux aydes.

LIII.

Loyaux aydes font couftumierement deus pour cheualerie de feigneur, ou de fon fils aifné, pour mariage de fille aifnee, pour rançon, & voyage en la terre Saincte.

LIIII.

Le cas de rançon eft reïterable, les autres non.

LV.

Loyaux aydes font prefque ordinairement le doublage des debuoirs.

LVI.

Loyaux aydes ne paffent aux filles, ores qu'elles foient Dames du fief.

LVII.

Par roturier & non noble, & à noble & non roturier font deus loyaux aydes.

LVIII.

Autrement pour la perfonne ne pert le fief fa nobleffe.

LIX.

Auparauant que les fiefs fuffent vrayement patrimoniaux, ils eftoient indiuifibles & baillées à l'aifné.

LX.

Depuis les puifnez y ont pris quelques prouifions & appanages, qui leur ont quafi par tout efté en fin faicts patrimoniaux.

LXI.

L'aifné prenant toufiours quelque aduantage, felon la diuerfité de Couftumes.

LXII.

Sur tout le chef-lieu, ou maiftre manoir entier, ou au lieu d'iceluy le vol du chappon, qui eft vn arpent de terre ou iardin.

LXIII.

Quand le fief confifteroit en vn hoftel, il le prendroit entier luy feul, la legitime des autres fauue.

LXIIII.

Si les precloftures du chef-lieu excedent ce qui doit appartenir à l'aifné, il les peut auoir en recompenfant fes puifnez en fiefs ou autres heritages de la mefme fucceffion, à leur commodité.

LXV.

Et fi peut auoir la plus belle terre entiere aux mefmes conditions.

LXVI.

Eft ce droiôt d'ainefſe en fiefs fi fauorable que l'on n'en peut eftre priué, ores qu'on y euft renoncé du viuant de fes pere & mere.

LXVII.

Par l'ordonnance du Roy Philippes Augufte, du premier de May, de l'an 1210. (qui eft par aduanture la premiere des Roys de la troifiefme race) les parts de l'eclypfement du fief des maifnés eft tenuë auffi noblement que le principal de fon aifné.

LXVIII.

Mais il eft en leur choix de releuer du feigneur feudal, ou les tenir en parage de leur aifné, qui les acquitte de la foy pour le tout enuers le feigneur commun.

LXIX.

Le frere n'acquitte fa fœur que de fon premier mariage, & non des autres.

LXX.

Et en chacune branche de parage, celle qui s'appelloit miroüer de fief par l'ancienne couftume de Vuexin, pouuoit porter la foy pour toutes les autres.

LXXI.

Si l'aifné de la fouche ou branche, eft refufant ou dilayant faire la foy, le plus aagé d'apres, & les autres fucceffiuement la peuuent porter, & en ce faifant couurir le fief.

LXXII.

Entre enfans n'y a qu'vn droict d'ainesse.

LXXIII.

Presque par tout entre filles n'y a point de droict d'ais-nesse.

LXXIIII.

Entre masles venans à succession en ligne collaterale n'y a gueres prerogatiue d'aisnesse, fors du nom, du cry, & des armes.

LXXV.

En la mesme lignee, les masles excluënt les femelles estans en pareil degré, & venans de leur chef.

LXXVI.

Mais ils en sont exclus par elles s'ils estoient si esloignez, qu'ils fussent hors des degrez de representation.

LXXVII.

Si les femelles y viennent par representation d'vn masle, elles concurrent auecques ceux qui sont en pareil degré que les representez.

LXXVIII.

Par la loy Salique les Royaume, Duchez, Comtez, Marquisats, & Baronnies ne se desmembrent point.

LXXIX.

Mais doit le Roy appannage à Messieurs ses freres, & enfans masles puisnez : & mariage à mes-Dames ses sœurs & filles : & les Ducs, Comtes, & Barons, recompense en autres terres.

LXXX.

Marque de Baronnie estoit auoir haute iustice en ce ressort.

LXXXI.

Le vassal peut desmembrer, bailler à cens & arrentement son fief sans l'assens de son seigneur iusques au tiers de son domaine, sans s'en dessaisir, ou la main mettre au baston, que l'on dit, se joüer de son fief.

LXXXII.

Le seigneur qui a reüny à sa table le fief de son vassal n'est tenu en faire hommage à son seigneur : mais aduenant mutation de part ou d'autre, est tenu de faire hommage du total, comme d'vn fief vny.

LXXXIII.

Quand vn fief aduient par confiscation à vn haut iusticier, lequel n'est tenu de luy, ou vn arriere-fief tenu de luy, il
en doit vuider ses mains dans l'an & iour, ou en faire la foy
& hommage au seigneur feudal.

LXXXIIII.

Le vassal est tenu aduoüer ou desaduoüer son seigneur,
sinon qu'il y eust contention de tenure entre deux seigneurs, auquel cas il se peut faire receuoir par main souue-
raine du Roy.

LXXXV.

Le vassal mal desaduoüant pert son chef.

LXXXVI.

Car qui fief denie, fief perd. Et qui à escient faict faux
adueu, commet felonnie.

LXXXVII.

Fidelité & felonnie sont reciproques entre le seigneur &
le vassal, & comme le fief se confisque par le vassal, ainsi la
tenure feudale par le seigneur.

LXXXVIII.

Le seigneur reünissant le fief de son vassal par felonnie le
tient franc & quitte de toutes debtes & charges constituees par son vassal.

LXXXIX.

Autrement le seigneur confisquant en est tenu iusques à
la valeur de son fief.

XC.

Vn seigneur de paille, feurre, ou de beurre, vainc &
mange vn vassal d'acier.

XCI.

On ne peut bastir forteresse au fief & iustice d'autruy,
sans son congé.

D E

DE DONATIONS.

TIT. IIII.

I

L n'eſt ſi bel acqueſt que de don.

II

Toutesfois don d'heritage fait à celuy qui doit ſucceder, luy eſt propre iuſques à la concurrence de ce qui luy deuoit aduenir.

III.

Don d'heritages faict pour nopces à faire, eſt reputé propre à celuy à qui il eſt faict : mais apres le mariage eſt reputé conqueſt.

IIII.

Simple tranſport ne ſaiſit point.

V.

Donner & retenir ne vaut.

VI.

Promettre & tenir ſont deux.

VII.

Il vaut mieux vn Tien, que deux, Tu l'auras.

VIII.

Chacun peut diſpoſer de ſon bien à ſon plaiſir par donation entre vifs.

IX.

Donation mutuelle ſoit entre vifs, ſoit par teſtament ne ſe peut reuoquer que par mutuel conſentement : ſinon que celuy au profit duquel on auroit mutuellement teſté, fuſt decedé.

X.

Donataire mutuel eſt tenu auancer les obſeques & funerailles, & debtes du predecedé : mais non les laigs teſtamentaires.

H

XI.

Donaison faicte entre vifs par pesonnes malades dont ils decedent, est reputee à cause de mort.

XII.

Donaison faicte à cause de mort ne saisit point.

DE RESPONSES. TIT. V.

I.

QVi respond paye.

II.

De soy fy: de pleige plaid: de gage, reconfort: d'argent comptant, paix & accord.

III.

Qui respond pour vn criminel corps pour corps, auoir pour auoir, n'en est pourtant tenu que ciuilement.

DE PAYEMENTS. TIT VI.

I.

AV prester amy, au rendre ennemy.

II.

Qui bien veut payer, bien se veut obliger.

III.

Qui doit il a le tort.

IIII.

Qui paye mal, paye deux fois.

V.

Qui paye bien, deux fois emprunte.

VI.

Qui paye le dernier, paye bien.

VII.

Cst assez de payer vne fois ses debtes.

VIII.

Ce qui est differé, n'est pas perdu.

IX.

Or vault ce qu'or vaut.

X.

Qui veut faire cession doit confesser la debte.

XI.

L'on peut renoncer aux respits : mais non au benefice de cession.

XII.

Respits ou cession n'ont lieu en debtes priuilegees, ou procedans de dol ou de crime.

XIII.

Debtes priuilegees sont celles qui sont adiugees par sentenc s, loüages de maisons, moissons de grains en espece ou en argent, arrerages de cens & rentes foncieres, deniers dotaux, debtes de mineurs, aliments, & medicaments.

XIIII.

En desconfiture tous creanciers viennent à contribution au sol la liure sur les meubles : & les chirographaires & sceduliers sur les immeubles.

XV.

Car sur les immeubles les premiers hypothecaires vont deuant.

XVI.

Desconfiture est quant le debteur faict rupture & faillite, ou qu'il y a apparence notoire que ses biens tant meubles qu'immeubles ne suffiront au payement de ses debtes.

XVII.

Le depost, le gage, la marchandise trouuee en nature dont le prix qui se deuoit payer est encores deu, ny autres debtes priuilegees ne sont tenus venir à contribution, ains ont droict de preference.

H ij

LIVRE V.

D'ACTIONS.

TIT. I.

I.

PAR la Couſtume generale de France tous adiournemens doibuent eſtre faicts a perſonne
ou domicile.

II.

Adiournemens à trois briefs iours ſe font de trois iours
en trois iours. Adiournemens à trois iours francs, de cinq
en cinq iours. Et quant ils ſe font à huictaine, ou quinzaine,
les premier & dernier iours ne font contés que pour vn.

III.

Les choſes vallent bien peu ſi elle ne vallent le demander.

IIII.

Pour peu de choſe peu de plaid.

V.

Peu de choſe eſt quant il n'eſt queſtion que de dix liures.

VI.

Si vne demande ne paſſe vingts ſols, iour de conſeil n'en
eſtoit octroyé.

VII.

Fautes vallent exploicts.

VIII.

Qui prend guarentie, doit laiſſer ſon iuge, & l'aller prendre deuant celuy ou le plaid eſt.

IX.

Qui tire à garend, & garend n'a, ſa cauſe perduë a.

X.

En Cour ſouueraine on plaide à toutes fins.

XI.

Le reſcindant, & le reſciſoire ſont accumulables.

DE BARRES ET EXCEPTIONS.

TIT. II.

I.

Vi de barres se veut aider, doit commencer aux declinatoires, puis venir aux dilatoires, & finalement aux peremptoires : & si la derniere met deuant, ne s'aidera des premieres.

II.

Reconuention n'a point de lieu, fors de la mesme chose dont le plaid est.

III.

Vne debte n'empesche point l'autre.

IIII.

Compensation n'a lieu si la debte qu'on veut compenser n'est liquide : & par escript.

V.

Voyes de nullité n'ont point de lieu.

VI.

Exception d'argent non nombré n'a point de lieu.

VII.

Exception de vice de litige n'a lieu.

VIII.

Maistre Gabriel de Marillac Aduocat du Roy, souloit dire. Qu'en France la peine du dol estoit extraordinaire, & executoire par corps.

H iij

DE PRESCRIPTIONS. TIT. III.

I.

Ens de meſtier, &marchands vendans en de-
tail ne peuuent demander leurs ouurages &
marchandiſes apres ſix mois.

II.

Toutes actions d'iniures, de loüages de ſeruiteurs, de
dommage de beſtes, de payement de tailles, impoſts, bil-
lets, guets, fourrages, foüages, vientrages, defaux & amendes, à faute d'auoir moulu ou cuit en moulins & fours bannaux, ſont tolluës par an & iour.

III.

Meſſire Pierre de Fontaines eſcript que barres ou exceptions de force, de peur, de tricherie, ne duroient qu'vn
an, par l'ancien vſage de la France.

IIII.

Auiourd'huy toutes reſciſions de contracts faicts en
minorité, ou autrement indeuëment, ſe doiuent intenter
dedans dix ans de la minorité, ou du legitime empeſche-
ment ceſſant, ſuyuant les ordonnances des Roys Louys
douzieſme, & François premier.

V.

Preſcription d'heritage ou autre droict reel s'acquiert
par iouyſſance de dix ans entre preſens, & vingt ans contre
abſens aagez & non priuilegiez, auec tiltre de bonne foy:
& ſans tiltre par trente ans.

VI.

Ceux qui ſont demeurans en diuers bailliages Royaux,
ſont tenus pour abſens.

VII.

Preſcription de dix vingt ans, ny de trente ans, ne court
contre les pupils, ny en effect contre les mineurs, en eſtans
releuez tout auſſi-toſt qu'ils le requierent.

VIII.

L'action personnelle ne se prescript que par trente ans.

IX.

L'action hypothecaire se prescript par vn tiers par dix ans entre presens, & vingt ans entre absens, auec tiltre & bonne foy, & sans tiltre par trente ans : & par le debteur ou son heritier, ou parvn creancier posterieur tant comme le debteur commun vit, par quarante ans.

X.

Toute prescription annale ou moindre coustumiere court contre les absens & mineurs sans esperance de restitution.

XI.

Contre l'Eglise n'ya prescription que de quarante ans par les ordonances du Roy Charles le Grand, & de Louys son fils, conformiément aux constitutions de leurs predecesseurs Empereurs.

XII.

En nouueaux acquests faicts par gens d'Eglise ils ne sont non plus priuilegiez que les laigs.

XIII.

Si dedans l'an & iour de la ratification faicte de leur contract, ils ne sont sommez d'en vuider leurs mains, ils n'y peuuent plus estre contraincts.

XIIII.

Et par trente ans ils en prescriuent l'indemnité, & le droict d'amortissement par cent ans.

XV.

Car contre le Roy n'y a prescription que de cent ans, Qui est ce qu'on dit communément, Qui a mangé l'oye du Roy, cent ans apres en rend la plume.

XVI.

Possession centenaire & immemoriale vaut tiltre.

XVII.

Possesseur de male-foy ne peut prescrire.

XIX.

Toutes les choses des Croisez sont en protection de sain-
ctes Eglise, & demeurent entieres & paisibles iusques à leur
repaire, ou qu'on soit certain de leur mort.

XX.

En doüaire & autres actions qui ne sont encores nees, le
temps de la prescription ne commence à courir que du
iour que l'action est ouuerte.

XXI.

Entreprises qui se font dessus ou dessous ruë publique ne
se prescriuent iamais.

XXII.

Le vassal ne prescript contre son seigneur, ny le seigneur
contre son vassal.

XXIII.

Le cens & la directe sont aussi inprescriptibles.

XXIIII.

Mais ils se peuuent prescrire par vn seigneur contre l'autre par trente ans, & contre l'Eglise par quarante.

XXV.

Veuës & esgousts n'acquierent point de prescription sans
tiltre.

XXVI.

Souffrance & accoustumance est desheritance.

XXVII.

En toutes choses indiuisibles l'interruption faicte contre
l'vn profite contre tous.

DE POS-

DE POSSESSION, SAISINE,
complainte ou cas de nouuelleté, sequestre, recreance, & maintenuë. TIT. IIII.

I.

POSSESSION vaut moult en France.
II.
En toutes saisines, le possesseur est de meilleure condition, & pource *Qui possidet & contendit, Deum tentat & offendit.*
III.
Le viager conserue la possession du proprietaire.
IIII.
Tout possesseur de bonne foy faict les fruicts siens.
V.
Il ne prend saisine qui ne veut.
VI.
Apprehension de faict equipolle à saisine.
VII.
Dessaisine & saisine faicte en presence de notaires & de tesmoings vault, & equipolle à tradition & deliurance de possession.

VIII.
Toutesfois l'on ne peut acquerir vraye saisine en fief sans foy, ou assentement du seigneur.
IX.
Iouissance de dix ans vaut saisine.
X.
Qui à iouy par an & iour d'aucune chose reelle, ou droict immobiliaire, par soy, ou son predecesseur *non vi, non clam, non precario,* en a acquis la saisine & possession pour former complainte dans l'an & iour du trouble à luy faict.

I

XI.

En cas de nouuelleté se faut bien garder de dire qu'on ait esté spolié, mais simplement troublé, ou dejetté de sa possession par force.

XII.

Trouble s'entend non seulement par voye de faict, mais aussi par denegation iudiciare.

XIII.

Au Roy ou à ses Baillifs & Senechaux appartient par preuention la cognoissance des complaintes de nouuelleté en chose prophane. Et priuatiuement à tous autres iuges, en matiere beneficiale, par recognoissance mesmes des Papes de Rome.

XIIII.

En complainte de nouuelleté y a amende enuers le Roy, & la partie.

XV.

Pour simples meubles on ne peut intenter complainte, mais en iceux eschet adueu & contre-adueu.

XVI.

Pource les executeurs de testament ne peuuent former complainte.

XVII.

Succession vniuerselle de meubles, & generallement toutes choses qui ont nature de droict vniuersel cheent en complainte.

XVLII.

Cessation, contradiction, & opposition valent trouble de faict.

XIX.

Cas sur cas, ou Main sur main, n'a point de lieu, ains se faut pouruoir par opposition.

XX

L'on dit vulgairement qu'entre le seigneur & subiect, ou vassal n'y a point de nouuelleté.

XX.

De chose qui touche delict ne se peut dire aucun

enfaifiné, & ne faict à ouyr en complainte, ne par vfage, ne par couftume.

XXII.

Veuë a lieu en fimple faifine, mais non en cas de nouuelleté. Car l'oppofition que l'on y forme vaut veuë.

XXIIII.

Qui chet en la nouuelleté, pour n'auoir iouy an & iour auparauant le trouble, peut intenter le cas de fimple faifine.

XXIIII.

En fimple faifine ne fe faict aucun reftabliffement, ains vn fimple adiournement : & n'y a lieu de recreance, ny fequeftre.

XXV.

Celuy qui verifie fa iouyffance par dix ans, ou la plus grande partie d'iceux auparauant l'an du trouble, recouure par le cas de fimple faifine la poffeffion qu'il auoit perduë.

XXVI.

En fimple faifine les vieux exploicts vallent mieux:en cas de nouuelleté, les nouueaux ou modernes.

XXVII.

Car la recreance f'adiuge à celuy qui prouue fa derniere poffeffion par an & iour, & qui a le plus apparent droict.

XXVIII.

Si le recreancier pert la maintenuë, il doit rendre & reftablir les fruicts.

XXIX.

Quand les preuues des poffeffions font incertaines, ou y a crainte que l'on ne vienne aux mains, la complainte eft fournie, Qui eft à dire que les chofes contentieufes font fequeftrees.

XXIX.

Sequeftre garde, & main de iuftice ne defaifit & ne preiudicie à perfonne.

DE PREVVES ET REPROCHES.

TIT. V.

I.

I L y a aux prouerbes ruraux, que Fol est qui se met en enqueste.

II.

Ouyr dire va par ville, & En vn muy de cuider, n'y a point plein poing de sçauoir.

III.

Seel authentique faict foy par les Coustumes.

IIII.

Tesmoings passent lettres.

V.

Les plus vieux tiltres ne sont pas les meilleurs.

VI.

Les sergens, messiers, & forestiers sont creus de leurs prises & rapports iusques à cinq sols.

VII.

Vne fois n'est pas coustume.

VIII.

Coustume se doit verifier par deux tourbes, & chacune d'icelles par dix tesmoings.

IX.

Reproches generaux ne sont admis, non plus que de familier, amy, & seruiteur, s'il n'est domestique & ordinaire.

X.

Faicts de reproches d'estre larron, pariure, infame, rauisseur, & autres crimes ne sont receus, s'il n'y a eu sentence ou composition.

XI.

En grande pauureté n'y a pas grande loyauté.

XII.

En matiere criminelle les reproches demeurent à l'arbitrage des iuges.

XIII.

Rebrobatoires de rebrobatoires ne font receus.

LIVRE VI.

DE CRIMES ET GAGES de bataille. TIT. I.

I.

E N demande de delict n'efchet iour de confeil.

II.

Voyes de faict font defenduës.

III.

La volonté eft reputé pour le faict.

IIII.

Tel cuide ferir qui tuë.

V.

Affez efcorche qui le pied tient.

VI.

Il ne fe donne plus treve ny paix entre les fubjects du Roy : mais on les met en affeurance & fauue-garde.

VII.

Sauue-garde n'eft pas enfrainte par parole , mais par faict.

VIII.

Tous delicts font perfonnels, & en crime n'y a point de garend.

IX.

Qui s'enfuit, ou brife la prifon eftant du cas attaint, s'en rend coulpable & quafi conuaincu.

X.

Vn malade bleſsé ne ſe l'airra pas viſiter au mire ou bar-bier, ſi celuy qui a faict le delict n'eſt priſonnier.

XI.

On ne peut tenir le corps & les biens.

XII.

Tout priſonnier ſe doit nourrir à ſes deſpens s'il a de-quoy : ſinon le Roy ou le haut iuſticier en crime, & pour debte ciuile, ſa partie.

XIII.

Tous vilains cas ſont reniables.

XIIII.

L'on tient maintenant que le cas priuilegé attraict à ſoy le delict commun : ce qui n'auoit point de lieu iadis.

XV.

L'on ne peut accuſer vne femme d'adultere ſi ſon mary ne s'en plaint, ou qu'il en ſoit le maquereau.

XVI.

Encores que nier ne ſoit larrecin, ſi eſt-ce de larrecin.

XVII.

Pour larrecin n'eſchet gaige de bataille.

XVIII.

Ny pour autre crime ou il n'eſchet peine de mort.

XIX.

En faict de bataille le defendeur eſt tenu de confeſſer ou nier le fait dés le meſme iour qu'il reçoit le cartel.

XX.

L'appellé en combat le choix des armes & de la forme du combat.

XXI.

Perſonne n'eſt tenu prendre, n'y bailler champion.

XXII.

Ny de combatre auant vingt & vn de ſon aage.

XXIII.

Qui ne combat quant la bataille est assignee & iuree és mains du Prince, pert les armes, & est tenu pour vaincu.

XXIIII.

Et si le demandeur ne rend le deffendeur vaincu dans le Soleil couché, le demandeur pert sa cause.

XXV.

Le desmentir & offre de combat sauue l'honneur à celuy qui est taxé de trahison.

XXVI.

Le mort a le tort, & le battu paye l'amende.

XXVII.

Maintenant toutes guerres & combats sont deffendus, & n'y a que le Roy qui en puisse ordonner.

XXVIII.

La peine du vaincu estoit la mort, ou mutilation de membres, la loy de talion, ayant pour ce regard esté introduite partout, par l'establissement du Roy Philippes Auguste, tant contre l'appellant que l'appellé.

DE PEINES ET AMENDES.
TIT. II.

I.

Es amendes & peines non coustumieres sont à l'arbitrage du Iuge.

II.

La peine de talion n'est point maintenant ordinaire en France.

III.

Toutes peines requierent declaration.

IIII.

Le faict iuge l'homme.

V.

Qui faict la faute, il la boit.

VI.

Par compagnie on se faict pendre.

VII.

Pour saisie brisee y a amende de soixante sols.

VIII.

Qui brise vne franchise brise toutes les autres.

IX.

Infraction de sauuegarde & d'asseurance iuree par la coustume de France merite la hart.

X.

Feu Monsieur Marillac Aduocat du Roy souloit dire,
que tout dol meritoit punition exrraordinaire, ores qu'il
fust traicté en matiere ciuile.

XI.

Toutesfois les peines sont arbitraires.

XII.

Messire Pierre de Fontaines escrit que les actions penales
n'ont point de lieu, & qu'on faict rendre les choses sans plus
auec l'amende au Seigneur. Qui est ce qu'on dit: A tout
messaict n'eschet qu'amende.

XIII.

La longueur de la prison emporte vne partie de la peine,
& ne confisque point les biens, ores que la punition en fust
perpetuelle.

XIIII.

Iamais on n'aduance les verges dont on est battu.

XV.

La peine du foüet infame.

XVI.

Il n'est pas foüetté qui veut. Et qui ne peut payer en argent, le paye en son corps.

XVII.

L'homme qui se met à mort par desespoir confisque enuers son Seigneur.

XVIII.

Le corps du desesperé est porté à la Iustice comme conuaincu & condamné.

XIX. Qui

XIX.

Qui confifque le corps, confifque les biens.

XX.

La confifcation des meubles appartient au feigneur duquel le confifqué eft couchant & leuant, & des immeubles aux feigneurs iufticiers des lieux où ils font affis.

XXI.

Sinon que ce fuft pour crime de leze Majefté, ou le Roy prend tout : ou de fief, auquel le feigneur prend ce qui eft en fon fief, ores qu'il n'euft iuftice.

XXII.

Crimes feudaux font felonnie, ou faux adueu à efcient.

XXIII.

L'homme condamné aux galaires, ou banny à perpetuité, ou à plus de dix ans confifque tous fes biens, & ne peut fucceder.   XXIIII.

Le feigneur iouïra des biens appartenans par vfufruict à fon fubject condamné, tant que le condamné viura.

XXV.

Pour le meffaict de l'homme, ne perdent la femme ny les enfans leurs doüaire & autres biens.

XXVI.

Ni elle fa part des meubles & acquefts de fon mary, par l'aduis de Maiftre Charles du Moulin, fuiuy contre les anciennes couftumes de la France.

XXVII.

Femme mariee condamnee, ne confifque que fes propres, & non la part qu'elle auroit aux meubles & acquefts.

XXVIII.

En crimes qui meritent la mort, le vilain fera pendu, & le noble decapité.

XXIX.

Toutesfois où le noble feroit conuaincu d'vn vilain cas, il fera puny comme vilain.

XXX.

L'on difoit communément Que les nobles payent foixante liures d'amende, où les non nobles payent lx. fols.

K

XXXII.

Mais en crimes, les vilains sont plus griefuement punis que les Nobles.

XXXIII.

Et où le vilain perdroit la vie ou vn membre de son corps, le noble perdra l'honneur & response en Cour.

XXXIIII.

De toutes amendes estans en loyales femmes n'en doiuent que la moitié.

XXXV.

Mais les iniures faictes aux femmes se punissét au double.

XXXVI.

La plus grand peine & amende attire & emporte la moindre.

DE IVGEMENTS. TIT. III.

I.

L plaide bel, qui plaide sans partie.

II.

Les cautions iudiciaires n'ont point de lieu entre les François.

III.

Messire Pierre de Fontaines dit, Que nostre vsage ne faisoit rendre aucuns despens de plaid: ce qui estoit aussi porté par vne ancienne ordonnance du Roy sainct Louys: mais au lieu de ce y auoit amende aux hommes & à la Cour, & vne peine de la dixiesme partie de la chose controuersee, iusques à ce que par l'ordonnance du Roy Charles iiij. dit le Bel: l'on a pratiqué le *victus victori*, du pays de droict escrit, & la peine dessusdite esté abolie.

IIII.

Comme de puis l'amende du fol appel a esté introduite par l'ordonnance du Roy François I. contre ceux du mesme pays.

V.

Le Roy, & les feigneurs en leurs iuftices, y plaident par leurs Procureurs.

VI.

Et n'y payent aucuns defpens, ny n'en reçoiuent.

VII.

Deffaut ne fe donne contre le Procureur du Roy.

VIII.

L'on fouloit dire, De l'homme mort, le plaid eft mort: mais cela a efté corrigé par les arrefts, & l'ordonnance de l'an 539.

IX.

En petitoire ne gift prouifion.

X.

Au rapport des iurez foy doit eftre adjouftee en ce qui eft de leur art, f'il n'en eft demandé amendement.

XI.

Les Iuges doiuent iuger certainement, & felon les chofes alleguees & prouuees.

XII.

Sage eft le Iuge qui efcoute, & tard Iuge. Car de fol Iuge, briefue fentence.

XIII.

Neceffité n'a point de loy.

XIIII.

Par le droict ancien de la France, le couftumax perdoit fa caufe bonne ou mauuaife, ciuile ou criminelle. Auiourd'huy il faut iuftifier fa demande.

XV.

Erreur de calcul ne paffe iamais en force de chofe iugee.

XVI.

I'ay fouuent ouy dire à feu Monfieur l'Aduocat du Mefnil, Que les belles offrent faifoient perdre les beaux procez.

XVII.

Et à feu M. Bruflard Prefident aux Enqueftes, Qu'au iugement d'vn vil procez, il fe falloit contenter de ce qui f'y trouuoit fans y rechercher ou interloquer dauantage.

K ij

XVII.

Vne voix n'empefche point partage.

XVIII.

En matiere criminelle n'y a partage : ains paffe le Iugement à la plus douce opinion.

DES APPELLATIONS.
TIT. IIII.

I.

Es Sentences ne fe peuuét reformer que par appel, & non par nullités alleguees contre icelles.

II.

Les appellations font perfonnelles.

III.

Par la couftume du Royaume on deuoit appeller illico,
autrement on n'y eftoit iamais receu.

IIII.

Les Iuges Royaux dont eft appel ne peuuent eftre prins
à partie, s'il n'y a dol, fraude, ou concuffion.

V.

Les Iuges non Royaux font tenus de fouftenir leur Iugé
au peril de l'amende fur eux, ou leur Seigneur.

VI.

Ceux qui ont failly en faict & en droit l'amendent auffi
à la difcretion de la Cour.

VII.

En caufe d'appel és pays Couftumiers on ne fe pouuoit
accorder fans lettres du Roy.

VIII.

Le vilain ne pouuoit fauffer le Iugement de fon Seigneur mais par l'Eftabliffement de la Cour de Paris toutes
appellations s'y peuuent releuer.

IX.

Toutes appellations ont effect fufpenfif & deuolutif, finon que par l'ordonnance les iugemens foient executoires

nonobſtant oppoſitions ou appellations quels-conques.

X.

Si celuy qui eſt donné tuteur en appelle, il ne laiſſe d'en eſtre chargé pendant l'appel.

XI.

Les appellations comme d'abus ont lieu quand il y a contrauention ou entrepriſe contre les ſainâs decrets, libertez de l'Egliſe Gallicane, Arreſts des Cours ſouueraines, iuriſdiâion ſeculiere ou Eccleſiaſtique. Et tient-on qu'elles ſont de l'inuention de Meſſire Pierre de Cugnieres.

XII.

Le Iuge d'appel execute le iugement par luy donné ou confirmé.

D'EXECVTIONS, ET DECRETS.
TIT. V.

I.

'O N ne commence iamais par execution ou ſaiſie, ſi ce n'eſt en vertu d'vn contraâ garantigié, iugement, ou choſe priuilegiée. Car voyes de faiâ, ſont defenduës.

II.

Et ſi n'eſchet prouiſion, en ce qui ſeroit irreparable.

III.

Le mort execute le vif : & non le vif, le mort : Qui eſt à dire Que tout droiâ d'executions'eſteint auec la perſonne de l'obligé & condamné.

IIII.

Par couſtume & vſance gardee en Cour laye garniſon de main ſe faiâ és mains du Sergent porteur de lettres paſſees ſous ſeel Royal, nonobſtant oppoſition : voire nonobſtant l'appel, par l'ordonnance du Roy Charles viij. de l'an 1484.

V.

Lettres vne fois groſſoyees, ne peuuent eſtre regroſſoyees ſans appeller la partie, & ordonnance de iuſtice.

VI.

Lettres Royaux & commiſſions ne ſont valables, ny les iugemens executoires, apres l'an & iour.

VII.

Toutes-fois priſe de corps ne ſe ſuranne point, & s'exe-cute nonobſtant toutes appellations.

VIII.

De Preſles & de Marcueil tiennent que celuy qui peut eſtre arreſté par loy & priuilege de ville, eſt tenu d'y eſlire domicile.

IX.

Le Roy ne plaide iamais deſſaiſy.

X.

Saiſie ſur ſaiſie ne vaut.

XI.

Les ſaiſies ſont annales, ou pour le plus triennales.

XII.

Vn ſergent eſt creu du contenu en ſon exploict.

XIII.

Toute cognoiſſance de cauſe luy eſt defenduë.

XIIII.

Vn decret adiugé, vaut des-heritance.

XV.

Vn decret nettoye toutes hypotheques & droiêts, fors les cenſuels & feudaux.

XVI.

Le pourſuiuant criees n'eſt garend de rien fors de ſo-lemnitez d'icelles.

XVII.

L'on ſe peut oppoſer ſur le prix entre l'adiudication & le ſcellé.   XVIII.

Tout achepteur, gardien, & depoſiteur des biens de iuſtice, & obligé pour choſe iudiciaire, eſt contraignable par corps, ſans qu'il puiſſe eſtre attermoyé, ny receu à faire ceſſion.

XIX.

Toutes debtes du Roy ſont payables par corps.

Rebuffe dit que l'on tient pour reigle en France, ce que
plufieurs Couftumes dient, Que refpits, ny ceffions de
biens, n'ont lieu en debte deniee & adiugee, loüage de maifons, moiffons de grains, debtes de mineurs contre leurs tuteurs, victuailles, feruice de mercenaires, & condemnation
d'intereft procedant par delict, & quelques autres.

DE TAILLES ET CORVEES. TIT. VI.

I.

E s tailles font perfonnelles, & f'impofent au lieu du
domicile, le fort portant le foible.

II.

Le domicile f'acquiert par an & iour : & fe prend au lieu
où l'on couche & leue au iour fainct Remy.

III.

Qui n'a ne peut, & où il n'y a que prendre, le Roy pert fon
droict. **IIII.**

Befoin ou neceffité n'a loy.

V.

Les collecteurs ne doiuent eftre tenus de faire le mauuais
bon. **VI.**

Coruees à la volonté font limitees à douze l'annee, fe
doiuent faire d'vn Soleil à l'autre : n'en peut-on prendre plus
de trois en vn mois, & en diuerfes fepmaines.

VII.

Noble n'eft tenu de payer taille, ny faire viles coruees à
fon feigneur : mais le feruir en la guerre, & autres actes de nobleffe. **VIII.**

Coruees fe doiuent faire aux defpens de ceux qui les doiuent. **IX.**

Coruees, tailles & queftes n'ont point de fuitte, ne tom-
bent en arrerages, & ne peuuent eftre vendus ny tranfpor-
tez à autruy.

X.

En affiette de terre, coruee de vilain n'eft point rien
comptee.

www.ingramcontent.com/pod-product-compliance
Lightning Source LLC
Chambersburg PA
CBHW050622210326
41521CB00008B/1349